Dr. Lisl Gutwenger
Severin von Lama

Eine besonders schwere Zeit für die Kirche war die Zeit von Hitlers «Tausendjährigem Reich», das zwölf Jahre gedauert hat. Zu den leuchtenden Gestalten dieser dunklen Zeit gehören Therese von Konnersreuth, Maximilian Kolbe, Kardinal von Galen, Edith Stein, P. Rupert Mayer, P. Alfred Delp, Franz Jägerstätter und P. Severin von Lama.

VIA VERITAS VIA

Lisl Gutwenger

Severin von Lama

1883-1978

Zwischen Charisma und Dämonen

CHRISTIANA-VERLAG
STEIN AM RHEIN
SALZBURG

Photonachweis:

Erste Umschlagseite: P. Severin Ritter von Lama, Oelgemälde (60 x 70 cm) vom irisch-amerikanischen Maler John J. Rieger, CH-9326 Horn am Bodensee. Oelgemälde und Bildrechte im Besitz des Christiana-Verlages.

Vierte Umschlagseite: Stimmungsbild aus Südtirol, wo P. Severin von Lama oft in den Ferien und auf Aushilfe weilte: St.Peter, im Hintergrund der Langkofel. Photo: A. Sickert, A-6020 Innsbruck.

Sämtliche Photos im Innern des Buches stammen aus Familienbesitz der von Lama.

Erste Auflage 1982: 1.-10. Tausend

© CHRISTIANA-VERLAG

CH-8260 STEIN AM RHEIN/SCHWEIZ

Druck: Rheintalische Volkszeitung AG, CH-9450 Altstätten/St.Gallen

ISBN 3 7171 0815 8

INHALTSVERZEICHNIS

Vorwort

Pater von Lama war einer jener Menschen, die in die Welt ziehen wollten, um die Botschaft der Freude zu verkünden. Deshalb trat er in den Orden der Herz-Jesu-Missionare ein, den Pater Chevalier im Jahre 1854 in Frankreich gegründet hatte.

Seinen Lebenstraum, mit dem ganzen Einsatz seiner Persönlichkeit für Christus Zeugnis abzulegen, verwirklichte Pater von Lama im Innsbrucker Ordenshaus, allgemein das Herz-Jesu-Kloster genannt, wo er seit 1939 bis zu seinem Tode im Jahre 1978 seinen ständigen Wohnsitz hatte.

Ich habe Pater von Lama persönlich gekannt. Er verströmte eine solche Lebensbejahung, dass sie auch auf andere überging. Es war also kein Wunder, dass er bei alt und jung beliebt war, und dass im Laufe der Jahre viele Tausende von Menschen zu ihm pilgerten. Erstaunlich war sein Wissen um die körperliche oder seelische Not seiner Besucher und sein Charisma, an dem er litt und mit dessen Kraft er heilte. Viele seiner Ansichten werden den Leser überraschen, insbesondere die über Geisteskrankheiten. Noch in seinen letzten Lebensjahren hielt er Ärzten Vorträge, wie sie Geisteskranke von Besessenen unterscheiden könnten.

Ich verfasste dieses Lebensbild Pater von Lamas vor allem nach seinen Tagebuchaufzeichnungen, die ungefähr 3000 Seiten umfassen, ausserdem nach seinen Predigten und Vorträgen. Auch poetische Stellen bei Naturschilderungen sind dem Tagebuch entnommen, allerdings gekürzt.

Im Sommer 1978 schrieb ich an ungefähr achtzig Menschen, die Pater von Lama persönlich gekannt hatten. Die meisten von ihnen erzählten brieflich oder mündlich, was sie über ihn wussten.

Zwei der geschilderten Spukphänomene sind durch Brie-fe Pater von Lamas mit den Leidtragenden oder durch Zeugen verbürgt.

Den Besessenheitsfall bearbeitete ich nach einem Bericht, den Pater von Lama im Jahre 1934 an das Ordinariat Regensburg geschrieben hat. Die Gespräche des Dämons sind wörtlich übernommen.

Ich danke allen jenen, die mir geholfen haben: vor allem Herrn Dr. Harald Gnilsen, Superior der Herz-Jesu-Missionare in Innsbruck, sowie denen, die meine Anfragen beantwortet haben. Unvergesslich werden mir die Gespräche mit den lieben Menschen sein, die mich eingeladen und mir in jeder Weise geholfen haben.

Ein Besucher
bei Pater von Lama

Jeden Tag nahm sich Walter Hochwimmer aus Wien vor, Pater Severin von Lama zu besuchen. Er zögerte aber den Besuch hinaus. Der Grund: einem Priester mit charismatischen Fähigkeiten war nicht zu trauen. Man sagte, dieser Priester heile Krankheiten und wisse um die geheimsten Sünden seiner Besucher. Anstatt Pater von Lama zu besuchen, machte der junge Mann Bergtouren. Und erst acht Tage später läutete er die Glocke zum Herz-Jesu-Kloster in der Frau Hittstrasse in Innsbruck. Vielleicht war der Priester gar nicht im Haus? Aber der Pförtner bat den Besucher freundlich ins Wartezimmer. Die Tür ging auf. Ein Pater mit vorgebeugtem Oberkörper trat in den Raum.

«Da bist du ja endlich», sagte er vorwurfsvoll zu seinem Besucher, «schon seit acht Tagen warte ich auf dich.»

«Vor acht Tagen habe ich mir vorgenommen, zu kommen.»

W. Hochwimmer hatte den Priester noch nie gesehen. Das schöne Greisengesicht mit den ungewöhnlich blauen Augen beeindruckte ihn.

Pater von Lama lachte, und erst jetzt streckte er ihm die Hand hin. «Setz dich», sagte der Priester. «Deinetwegen habe ich jeden Tag Kreuzschmerzen gehabt.»

«Aber Kreuzschmerzen, die habe doch ich gehabt», betonte der junge Mann.

«Das weiss ich», sagte der Priester. «Um vier Uhr nachmittags war es immer am ärgsten. Warum läufst du soviel herum, wenn du es nicht verträgst?»

Fassungslos starrte der Besucher ihn an, und der Pater fügte hinzu: «Das ist nichts Besonderes, wenn ein anderer Mensch mitleidet. Christus hat uns das Heil gebracht. Ein Teil seiner Kraft sind wir. Dass ein Priester auch

Krankheiten heilen kann, ist ein natürlicher Vorgang.»
Er machte eine Pause, dann sagte er: «Übrigens, auf deinem rechten Auge hast du einen Schimmer.»

«Ja, stimmt.»

«Du bist ausserdem in einer seelischen Krise. Rauch eine stärkere Zigarettensorte.»

«Wie?»

«Eine stärkere Sorte. Ein paar Tage nur. Manchmal braucht man ein Narkotikum. Geh auch wieder einmal beichten. Nachher fühlst du dich erleichtert und bist glücklich.» Dann erzählte der Priester aus seinem reichen Leben. Eine neue Welt tat sich dem Besucher auf. Bevor er ging, bat er um den Segen.

«Ich gebe ihn deinem Körper», sagte der Priester, «denn deine Seele ist ausgetrocknet. Ihr darf ich den Segen nicht geben, sonst zwackt sie ihn dem Körper weg, und du wirst krank. Das sind Dinge, die ich früher auch nicht gewusst habe.»

Pater von Lama zog ein Fläschchen Wasser aus der Tasche, öffnete es und hielt es dem Besucher hin.

«Wonach riecht es?» fragte er. «Nach gar nichts, Hochwürden.» Der Priester machte ein Kreuzzeichen darüber.

«Und jetzt?»

Überrascht rief der Mann aus Wien aus: «Es riecht stark nach Gras.»

Der Pater sprang freudig in die Höhe.

«Du hast dich einmal der Mutter Gottes geweiht», sagte er.

«Ja, stimmt, in meiner Kindheit.»

Freundschaftlich schlug der Priester beim Abschied seinem Besucher auf die Schulter.

Welch ein Mensch war dieser Pater von Lama?

Und wie war sein Leben?

Frühe Gottsuche

DIE FAMILIE

Es fing mit Gott an.

Kaum hatte Severin von Lama das Licht der Welt erblickt — es war am 22. August 1883 —, wurde er Stunden später in der Peterskirche zu München getauft.

Seine Mutter, Josephine von Lama, geborene Jörg, wählte für ihren Sohn den Namen Severin. Nicht, weil der hl. Severin ein grosser Heiliger, ein gewaltiger Streiter Gottes gewesen war; sie erinnerte sich an ihren Zuckerbäcker Severin, bei dem sie in ihrer Jugend Süssigkeiten gekauft hatte. Wie süss war es, wieder einen Jungen zu haben. Wo doch der letzte der Buben, ein Augustin, gestorben war. Jetzt besass sie wieder fünf Kinder: Karl und Friedrich, kurz Fritz genannt, Gusti, Maria und Severin. In ihrer Freude über die Geburt eines Sohnes weihte Frau von Lama ihren Jüngsten an seinem Tauftag der Mutter Gottes. So würde der Bub immer eine Mutter haben, auch wenn sie selbst längst nicht mehr war.

Severin wuchs mit dem Bewusstsein auf, grosse Ahnen zu haben. Papa erzählte: Die Familie stamme aus Spanien, aus Estremadura. Dies beweise der Name de Lama, das ist: von der Klinge. In einem alten Familienwappen hält ein Löwe eine Klinge und die Türme von Kastilien in den Pranken. Spätere Ahnen lebten in Tirol, tüchtige, tapfere Männer. Der Innsbrucker Bierbrauer Michael de Lama pachtete 1661 das Schloss von und zu Büchsenhausen. Es gehörte dem Sohn Bieners, der als Kanzler von Tirol in Rattenberg als Opfer einer Hofintrige enthauptet worden war. Die Witwe des Bierbrauers kaufte das Schloss und vererbte es ihren Söhnen, die ebenfalls Bierbrauer waren. Diese zeichneten sich im Spanischen Erbfolgekrieg aus, und deshalb wurden sie von Kaiser Josef I. in den Ritterstand erhoben. Stolz zeigte der Vater, der Antiquitätsbuchhändler Carl von Lama, seinem Sohn das Pergamentschreiben mit dem Grossen Reichssiegel.

Pater von Lama erfuhr später, bei seinem ersten Besessenheitsfall auch etwas von einem ihm bisher unbekannten Vorfahren: dem seligen Franz Poseides aus dem spanischen Zweig der Familie. Obwohl der Adel durch die Demokratie an Bedeutung verloren hatte, trug Pater von Lama das 'von' in seinem Namen bis an sein Lebensende.

Sein Adel, seine Ahnen bedeuteten ihm ein Stück Geschichte. Ihnen verdankte er, was er an Fähigkeiten mitbekommen hatte; und wurzelte nicht alles, was man in diesem Leben an wissenschaftlichen, an technischen Errungenschaften und an moralischen Werten vorfand, in dem Früheren, in einem Stück Geschichte?

Weil Severin für diese Werte dankbar war, fragte er sich: «Was kann ich für meine Vorfahren tun?»

Er bangte um den Seelenfrieden der früheren Bierbrauer. Hatten sie nicht durch ihren Beruf gesündigt? Um ihnen in ihrem Fegefeuerleiden beizustehn, trank Pater von Lama 40 Jahre lang keinen Tropfen Bier. Doch einmal passierte es ihm: bei einer Festlichkeit, wenige Jahre vor seinem Tod, vertauschte ein übermütiger Mitbruder Pater von Lamas Limonadeglas mit einem Glas Bier. Pater Severin redete, ergriff das Glas und trank gegen seinen Willen einen Schluck. Er war zornig über diesen Scherz und schleuderte das Glas gegen die Wand.

Warum lässt Gott sterben

Am Anfang seines Lebens wohnte Severin von Lama mit Eltern und Geschwistern in einem Gasthaus. Töne vom Schöfflertanz und Farbflecke vor dem Haus blieben in seinem Gedächtnis haften. An frühes Leid erinnerte er sich besonders: Severin trauerte jedesmal, wenn es dunkel wurde. Wie schrecklich dem kleinen Kerl da die Welt erschien: alle Farben verlöschten. Die Finsternis hockte wie ein Untier in allen Ecken, denn nur spärlich erhellte die Petroleumlampe die Räume. Auch den Erwachsenen durfte man nicht ganz trauen. Aber etwas unerbittlich Grosses stand hinter allem. Dieses Grosse nannten die Erwachsenen Gott. Sie sagten sogar 'lieber Gott'. Warum der «lieb» sein sollte, leuchtete dem kleinen Severin nicht ein. Musste er doch, wenn die Eltern mit Gott redeten, ganz still in seinem Stühlchen sitzen und die Hände falten. Warum wollte er, dass Severin sich so fürchtete? Ganz und gar misstraute er Gott wegen Bello. Bello war der kläffende Hund des Hausherrn. Sooft das Kind ihn sah, fürchtete es sich. Wusste das Gott nicht? Warum schaffte er dieses Gebell nicht ab? Als Bello erschossen wurde und später der ausgestopfte Kopf des Hundes an der blaugetünchten Hofwand hing, war es am ärgsten. Nie mehr würde der Hund laufen, bellen, mit dem Schwanz wedeln. Bewegungslos würde er da hängen für immer. Das also hiess Totsein. Auch Menschen starben, auch Severin würde eines Tages genau so starr sein wie jetzt Bello.

Warum liess Gott sterben, wenn er so gut war?

Zu dieser Zeit bekam Severin einen kleinen Bruder, den Camill. Eltern und Geschwister bewunderten das kleine Wesen, das weder laufen noch sprechen konnte. Severin fühlte sich bitter vernachlässigt, doch Gott wusste, warum und liess es geschehen. Severin zog sich von dieser Welt und seinem unverständlichen Gott in sich selbst zurück.

Der Kleine grübelte und beobachtete viel. Und immer wieder folgte die Nacht dem Tag, und am noch so strahlenden Himmel zogen dunkle Wolken auf. Severins kleines Herz fror in seiner Einsamkeit.

DAS IST AUCH GOTT

Das Kind lebte erst auf, als die Familie in die alte Donaustadt Regensburg übersiedelte. Der Vater hatte dort eine Stelle als Direktor in einem grossen Verlag angenommen. Eine polternde Kutsche führte die Kleinen zu einer Villa am Oberen Wörth. Sie war im Empirestil gebaut und hatte früher als Kaffeehaus gedient für die vornehme Welt. Ein prächtiges Stiegenhaus führte zu einer Zimmerflucht von fünf riesigen Räumen. Es gab zwei Vorgärten, und beide sollten den Kindern als Spielplätze gehören. Satt leuchtete der Rasen im ersten Vorgarten, die Obstbäume blühten, ohne Unterlass sangen die Vögel. Im zweiten Vorgarten ragten zwei Robinien mit noch nackten Ästen ins Blau. Die Robinien und Säulenstümpfe als Prellböcke zeigten an, dass ein früherer Besitzer der Freimaurerloge angehört hatte.

Hinter dem Haus gab es eine überdeckte Kegelbahn. An sie schloss sich ein heizbares Hühnerhaus an und ein Taubenschlag. Allein das Taubenhaus war grösser als die ganze frühere Wohnung in München.

Am schönsten war der eigentliche Garten, schier ohne Ende. Auf seinen Teppichbeeten blühten Tulpen, Narzissen und Stiefmütterchen. Ihn schloss eine hundertjährige Eichenallee gegen einen der Donauarme ab. Den übrigen Teil des Besitzes umzog eine Mauer. Nur an einer Stelle der Mauer fehlten etliche Ziegelsteine. Durch dieses Loch konnte man in den Nachbargarten blicken.

Der liebe Gott habe ihnen das alles geschenkt, sagte Mama.

«Das also ist auch Gott», dachte Severin. Und er faltete die Händchen und flüsterte zum erstenmal die Worte: «Danke, du lieber Gott.»

Die quälende Furcht, die ihn monatelang begleitet hatte, verwandelte sich in Ehrfurcht. Doch ein Stück Angst blieb zurück. Vielleicht war sie auch durch seine körperliche Schwäche verursacht, durch Blutarmut, an der er litt. Und Gott blieb weiter in seinem Leben, gewaltig gross. Früh schon existierten die Engel und die Mutter Gottes für Severin. Über sie erzählte Mama die schönsten Geschichten.

Der Garten barg Severin und seine Geschwister wie ein Vogelnest seine Jungen. Am liebsten von seinen Geschwistern hatte Severin Maria. Sie war still wie er, bewunderte Farben und dachte viel an Gott. Severin erwarb auch einen Freund, den er sehr schätzte: den Franzl vom Nachbarhaus. Durch das Mauerloch unterhielten sich die beiden Buben über grosse Fragen. Manchmal schlüpfte Severin durch das Mauerloch in den Nachbargarten, oder Franzl kam herüber. Dann wieder liefen sie zur Donau. Am aufregendsten war es bei Hochwasser; da ruderten die Kinder in Waschzubern durch den Garten. Vor den Fenstern des Hauses sah man die Donau als silbergraues Band und den Bayerischen Wald. Ein Fenster von Papas Arbeitszimmer ging über auf das sogenannte Salettl, von wo man auf den sonnigen Kinderspielplatz blicken konnte. Dort am Salettl, an einem Stützbalken des Daches, war ein winziges blaues Teufelchen gemalt. Gewiss kein Grund, um diesen Erdenfleck unheimlich zu finden. Trotzdem wichen die Kinder jedesmal dieser Stelle aus, besonders Severin und seine Schwester Maria. Als das Anwesen später in anderen Besitz überging, entdeckten die Hausleute unter dieser bezeichneten Stelle ein männliches Skelett: ein Mord war verübt worden zu jener Zeit, in der der frühere Besitzer, ein Freimaurer, die zwei Robinien im Vorgarten gepflanzt hatte.

In der Schule lernte Severin gut. Die Eltern lebten in Frieden und umhegten die Kinder; die Geschwister liebten einander. Kam es zu Zwistigkeiten, so versöhnten sie sich bald.

Der Garten verwandelte sich mit den Jahreszeiten.

Trotz allem: immer wieder stieg die Angst in Severin

hoch. Die Frage nach dem Tod liess ihn nicht los. Noch war er jung. Lange noch würde er leben. Aber er wollte nie sterben. Doch eines Tages würde sein Leben zu Ende sein, unwiderruflich, Und was dann? Wie war dieser Gott wirklich? Jetzt beschenkte er sie, er, der Herr über Leben und Tod. Dann aber lockten wieder die vielen schönen Dinge des Lebens.

Herr von Lama kündigte seine Stelle, als ihm geschäftliche Machenschaften zugemutet wurden, die gegen sein Gewissen waren. Er wurde wieder Antiquitätsbuchhändler. Man wählte ihn auch als Vertreter der Stadt Regensburg in den Deutschen Reichstag, später auch noch in den Bayrischen Reichstag. Er war der erste, der führende Mann der Stadt. Als solcher durfte er bei jeder Prozession hinter dem Allerheiligsten gehen. Dies beeindruckte Severin. Als er erfuhr, Papa habe in französischer Sprache ein Buch über die Bibliothek der Mauriner geschrieben, bewunderte er ihn. Die Mauriner waren eine 1618 von L. Binard und G. Tarisse gegründete Benediktinerkongregation und in Frankreich sehr verbreitet.

Der älteste Sohn Karl studierte vergleichende Sprachwissenschaften. Fritz war Ausdrucksmensch und studierte Journalistik. Die beiden Mädchen redeten bereits in der Schulzeit mehrere Sprachen gut. Severin war mehr musisch begabt und tat sich im Vergleich zu seinen Geschwistern mit Sprachen schwer. Um so fleissiger lernte er.

Zu Beginn der Körperreife wünschte sich Severin zu Weihnachten Malfarben, ein Mikroskop und ein Lehrbuch für Mineralogie und Geologie. Noch am selben Abend untersuchte er ein Semmelbrösel. Er entdeckte darin ein winziges Maiskorn. Als die Köchin dies am nächsten Tag dem Bäcker berichtete, erschrak dieser heftig. Ein anderes Mal zeigte der Geschichtsprofessor seinen Schülern Wüstensand und überliess ihn Severin zur Untersuchung.

Er malte sein erste Bild — blühenden Seidelbast. Mit 13

wuchs Severin der erste Flaum unter der Nase, ein Umstand, dem er die Achtung seiner Mitschüler verdankte.

DER TOD DES FREUNDES

Bisher hatte sich Severins Abenteuerlust in Indianerspielen und Hochwasserfahrten erschöpft; jetzt füllte sie sein Herz, seine Phantasie aus. Er blätterte in Missionsheften, die er auf dem Dachboden gefunden hatte, und da kam ihm zum erstenmal der Gedanke: das Leben eines Missionars müsste nicht übel sein, lebte dieser doch in beständiger Gefahr. Dann redete er mit seinem Freund Franzl.

«Vielleicht werde ich ein grosser Entdecker», sagte Severin. Franzl pflichtete ihm bei. So etwas habe er immer erwartet. Selbstverständlich wollte Severin auch ein einmaliger Naturforscher werden — dazu regte ihn der grosse Garten an. Es gab darin kaum eine Gesteinsart, die er nicht bestimmen konnte, oder eine Blume, deren Name er nicht kannte.

Schon damals dachte der Bub: «Welchen Sinn hat dies alles, wenn ich es nicht für Menschen verwerte?» Deshalb wollte er zumindest das deutsche Volk beglücken, wenn schon nicht die ganze Welt.

Das Loch in der Mauer war erheblich grösser geworden, da die Jungen immer wieder durchgeklettert waren. An dieser Stelle drohte die Mauer einzustürzen, und deshalb verboten die Eltern ein weiteres Durchkriechen. Also sprangen die Buben über die Mauer.

Bei einem solchen Sprung verletzte sich Severin. Als die Eltern erfuhren, wie die Verletzung zustande gekommen war, verboten sie Sprünge über die Mauer. Auch Franzls Eltern waren entsetzt; den Hals könnte man brechen bei so einem Sprung, meinten sie.

Doch Franzl schwang sich Tage später schon wieder darüber. «Unsere Eltern sind bereits alt und deshalb ängstlich», sagte der sonst so stille Bub zu Severin. «Sie mahnen zur Vorsicht, wir jedoch müssen wagen.»

«Ja, etwas riskieren für ein aussergewöhnliches, ein abenteuerliches Leben.»

Als Franzl bald darauf mit einem Sprung über die Mauer setzte, streifte er mit einem Fuss das Mauerwerk und, sich überschlagend, stürzte er schwer.

«Hast du dir weh getan?» fragte Severin.

«Ach wo», sagte Franzl. «Aber versprich mir, sag nichts weder deinen Eltern noch meinen.»

Severin versprach es. «Wenn du aber Blutvergiftung kriegst?»

«Dann werde ich den roten Strich rechtzeitig bemerken.»

Seltsam beunruhigt, besuchte Severin seinen Freund Stunden später. «Alles in Ordnung?» fragte er. «Ausser einer Hautabschürfung habe ich nichts», antwortete Franzl freudig.

An einem der nächsten Tage fehlte Franzl in der Schule. Zu Hause wartete Maria auf Severin beim Tor. «Franzl ist schwerkrank», flüsterte sie ihm zu.

Sie gingen ins Nachbarhaus und stiessen mit dem Arzt zusammen. Severin fragte stotternd, was Franzl fehle. «Wundstarrkrampf», sagte der Arzt. Ernst schaute er die beiden an und ging.

Sie schlichen ins Krankenzimmer: Franzl phantasierte; er erkannte sie nicht mehr. Wieder zu Hause, sagte Maria zu Severin: «Das gibt es doch nicht.»

Zwei Stunden später starb Franzl. Severin fragte sich: «Warum er und nicht ich?»

Wie ein Blitz fiel das Erlebte in die Wirklichkeit. Sie verdrängte jeden Traum.

Die Eltern mieteten für die vier Jüngsten über die Sommerferien ein Jagdschlösschen im Bayrischen Wald. Vom Morgengebet in der alten Kapelle bis hinein in den Kinderschlaf waren die Vier ganz allein, sah man ab vom lieben Gott dort oben hinter seinen Sternen. Wie still war die Nacht, wenn Severin schlaflos lag. Nur manchmal rief ein Nachtvogel; die Wipfel der alten Bäume rauschten.

«Wie werde ich ihm begegnen, meinem Gott?» grübelte Severin. Zerschlagen stand er am Morgen auf. Schmetterlinge gaukelten über blühendem Kunigundenkraut. Über einer Waldlichtung flog ein Raubvogel seine Windungen in steilen Kurven.

Gott, der Unfassbare, der Grosse, hatte dies alles gemacht. Hatte er nicht auch etwas Versöhnliches mit Franzls Tod gemeint? Severin würde sein Leben gestalten müssen, um der Wahrheit Gottes zu entsprechen. Wie kostbar dieses Leben doch war!

Ein neues Schuljahr begann. Severin lernte jetzt vier Fremdsprachen: Griechisch, Latein, Französisch und Italienisch. Seine Geologiestudien vertieften sich, sein Interesse an Geschichte nahm zu. Er turnte, lief auf dem Eis, schwamm und machte grosse Wanderungen mit seinem Papa. Einmal wallfahrteten sie einen 65 Kilometer langen Weg nach Amberg.

Sorgfältig wählte der Junge seine Freunde aus. Ein älterer Freund diente gerade seine Militärzeit ab, danach fuhr er nach Brasilien. Da lernte Severin Karl, einen seiner Mitschüler, tiefer kennen. Der ersetzte ihm Franzl. Trotzdem: die Welt war nicht dieselbe.

Franzls Tod hatte in Severin das Bewusstsein verschärft: Jederzeit konnte es auch ihn treffen. Ihn, der nichts als leben wollte; ihn, der das Leben abgrundtief liebte, wenn es auch schwer war wie jetzt.

Einer seiner Lehrer deutete Severins beständige Müdigkeit als Faulheit. Der Deutschprofessor, ein Freigeist, und neu an der Schule, bemängelte jeden Federstrich beim Sohn eines führenden Katholiken. Später bevorzugte der Professor den Jungen. Ganz besonders, als sich herausstellte, dass Severin Dantes Göttliche Komödie wie seinen Kalender kannte.

Die Psyche des Jungen verwandelte sich. Was bisher als Wert gegolten, verblasste. Anderes, früher unbedeutend, erstrahlte in farbigem Glanz.

GOTT IST GEWALTIG GROSS

Das Jahr 1899 kam, das bedeutendste seiner zu Ende gehenden Kindheit. In den Sommerferien riet ihm seine Mutter, täglich die hl. Messe zu besuchen. Dies befolgte der Junge. Schon in der zweiten Woche fiel er in der Kirche einem Geistlichen, Pater Sigismund, auf. Er war ein gütiger und verständisvoller Mann. Nach der ersten Aussprache wählte ihn Severin zu seinem Beichtvater. Dieser riet dem Jungen, eine Lebensbeichte abzulegen, und Severin war einverstanden. Sorgfältig bereitete er sich darauf vor, kam zur angesagten Stunde und klagte sich der Sünden seines ganzen Lebens an. Severin verliess den Beichtstuhl. Ein Schleier zerriss: die Welt weitete sich hin zu Gott, zu ihm, aller Dinge Anfang und Ende. Gott war da, wirklicher als alles Geschaffene. Diese Schau, dieses Wissen, überstieg jede Qual; denn Gott, der Ewige, erbarmte sich der Menschen. Er liebte sie mit nie verlöschender Glut. Der Junge erlebte eine nie gekannte, überwältigende Freude. Die Zeit verstummte. Aus dieser Wirklichkeit sank er wieder in den Alltag zurück. Die Welt war eine andere geworden: von gesteigerter Raumtiefe, sie war reicher an Farben, reicher an Freude, aber auch steiler war der Absturz in den Schmerz. Alles Frühere erschien dem Jungen wie ein schwarz-weisser Traum. Unauslöschlich sollte das Erlebte in seinem Gedächtnis haften bleiben.

Wenn Gott die Wirklichkeit war, dann waren auch seine Forderungen wirklich. Wie wichtig wurde jeder Augenblick des Lebens. Und wie schwer wog jedes Versagen. Welch tiefe Schatten entdeckte Severin an den Mitmenschen und an sich selbst. Trotzdem fehlten die Lichter von ungewohnter Farbenpracht nicht. So entsprach es seiner neuen Jugend, wenn er jetzt steigerte: gross, grösser, unendlich.

Der Mathematikprofessor erklärte, mit dem Begriff Unendlich würde viel Unfug getrieben. Da dachte der 16-jährige Severin: «Armer Professor, hast du noch nie erfahren, wie unendlich Gottes Liebe und Erbarmen ist?» Der Sturz erfolgte jedesmal durch die Frage: «Bin ich selbst nicht bloss eine Karikatur Gottes?»

Er müsste seinen Charakter meisseln, Tag um Tag, Stunde um Stunde, ja sogar jeden Augenblick richtig benützen. Nur so würde er dem göttlichen Meister gefallen. Manchmal gelang es ihm, einen oder sogar zwei Tage nach seinen Forderungen zu leben. Dann sank er wieder ab. Der Schmerz darüber peitschte ihn nieder. Er hörte in sich die Stimme: «Wozu strengst du dich an? Du wirst es nie schaffen.»

Aber solche Gedanken waren nicht vom Schutzengel. Severin versuchte sich auszusprechen, mit seinen Eltern, den Geschwistern, dem Beichtvater. Er wollte ihnen die unfassbare Freude mitteilen, die er erlebt hatte, und sie um Hilfe bitten in seinem Schmerz.

Doch sonderbar: Niemand begriff ihn. Sie alle redeten an seinen Fragen vorbei. Sogar Mama. Träumten sie alle? Gelang es ihm nicht, auch nur einen von ihnen zu wecken? Wie einsam alle Menschen doch waren, aber die meisten von ihnen wussten es nicht.

Wenn der Kampf zu schwer wurde, flüchtete er zum Kreuz. Dann wieder lief der Junge zur Donau. Am meisten liebte er den Strom, wenn Weststürme die grauen Wellen aufwühlten. Wieder drängte sich ihm die Frage auf: sollte er vielleicht Missionar werden? Dann würde auch sein äusseres Leben dem Bild der vom Sturm gepeitschten Wellen gleichen, nicht nur sein inneres. Er könnte sich dann mit seiner ganzen Persönlichkeit einsetzen für Gott.

Bisher hatte der Junge Sokrates und Scipio nachzuleben versucht. Jetzt gefiel ihm der hl. Aloysius von Gonzaga. Welche Reinheit des Lebens und welche Entschlusskraft der Heilige besessen hatte.

Bald wählte Severin den Gottessohn selbst als Vorbild. Er war ihm Führer, Held, Bruder.

In dieser Zeit steigerte sich Severins Konzentrationskraft. Dies bestätigte er sich selbst durch ein Experiment: Der Mathematikprofessor verlangte von einem an der Tafel stehenden Schüler, dass er eine dreiziffrige irrationale Zahl hinschreibe. Severin dachte sich: «Wurzel aus 753.» Zufällig blickte der Professor zu Severin hin, der in der letzten Bank sass. Severin befahl ihm in Gedanken: auch der Professor solle sich diese Zahl denken und sie dem Mitschüler übertragen. Gleich darauf blickte der Klassenkamerad den Professor an und schrieb die befohlene Zahl an die Tafel. «Merkwürdig», sagte der Professor, «wie kommen Sie darauf? Ich habe grad' vorhin diese Zahl gedacht.»

Im jugendlichen Alter wollten seine Mitschüler flotte Kerle sein. Die meisten in seiner Klasse rauchten. Da fragte Severin seinen Vater, ob auch er rauchen dürfe. Der öffnete ein Kästchen, gefüllt mit Zigaretten. «Bitte, greif zu! Aber rauch nur dann, wenn dich danach verlangt. Nicht aber, um anderen zu gefallen.»

Diesen Satz wollte sich Severin merken. So rauchte er nur selten. Einmal ging er hinaus in den Garten und schnitt von einer türkischen Mohnblume den Kopf ab, formte aus dem gehärteten Saft ein Kügelchen und rauchte es in einer Zigarette. Wenn ihn später seine Mitschüler verspotteten, antwortete er kühl: «Wer von euch hat schon Opium geraucht?» Da verstummten die anderen. Eines Tages trugen die meisten seiner Klasse Ringe, obwohl noch kein einziger von ihnen verlobt war. Das missfiel Severin. Deshalb erbat er sich von seiner Mama einen besonders schönen Ring. Sie gab ihm einen Renaissancering in der Form einer goldenen Schlange mit Almadinen als Augen und Krone. Dagegen kam keiner seiner Mitschüler auf. Sie liessen die Ringe weg; Severin hatte sein Ziel erreicht. Immer öfter dachte er jetzt daran, Missionar zu werden. Bei seinen ersten Exerzitien fasste er dazu den Entschluss. Die Tage des Schweigens beeindruckten ihn. Es war die Zeit des Kulturkampfes. Marianische Studentenkongregationen waren verboten. Severin erklärte einer Schar Gleichgesinnter: «Wenn die Studentenkongregation verboten ist, treten wir einfach der Männerkongregation bei.»

Das taten sie. Es wurde viel geflüstert und gelacht über Severins klugen Schachzug. Einspruch zu erheben wagte keiner.

ABSCHIED VON ZU HAUSE

Eines Abends nahm Herr von Lama Abschied, um wieder in den Reichstag zu fahren. Ganz plötzlich hatte Severin ein Gesicht: Im Morgengrauen stand die Lokomotive allein auf den Feldern hinter dem abgerissenen Zug.

«Papas Zug wird entgleisen», dachte Severin.

Er betete vor dem Einschlafen vor dem Marienbild und besuchte am nächsten Tag für Papa die hl. Messe.

Als er von der Schule nach Hause kam, stiess er bei der Haustür mit dem Postboten zusammen. Dieser überreichte seiner Mama ein Telegramm. Bevor sie es öffnete, nannte Severin den genauen Wortlaut. Papa hatte telegraphiert, er sei aus dem Unglück einer Zugsentgleisung gut davongekommen. Noch hatten die Zeitungen nicht die Nachricht gebracht.

Tage später schrieb Severin an einen Missionsorden in Antwerpen. Von dort aus wurden Missionare nach Neuguinea geschickt.

«Ich werde Missionar», sagte Severin seinen Eltern. Diese stellten als einzige Bedingung, er möge noch ein Jahr zuwarten, um in seiner Wahl ganz sicher zu sein. Es war ein fröhliches letztes Jahr in der Familie. Auch Maria und Gusti wollten ins Kloster gehen. Gott hatte ihnen eine so schöne Jugend, ein so glückliches Familienleben geschenkt, er hatte sie mit Gütern überhäuft. Mussten nicht auch sie ihm ihre Liebe erweisen?

Als die Mitschüler knapp vor dem Abitur Severins Absicht erfuhren, waren sie entsetzt. Sie versuchten, ihn dem Leben zurückzugewinnen, und stellten ihm ein hübsches Mädchen vor. Aber Mädchen interessierten Severin nicht. Gott erfüllte ihn ganz.

Nach dem Abitur fuhr er noch einmal mit seinem Vater ins Gebirge. Dann kam der Abschied. Ein letztes Mal war die ganze Familie beisammen.

Die Mutter machte ein Kreuzzeichen auf Severins Stirn. «Kind, der liebe Gott hat dich uns geschenkt. Wenn er dich haben will, sollst du ihm gehören.»

Warten auf die Mission

NOVIZE IN HILTRUP
BEI MÜNSTER/WESTFALEN

Still gingen die Tage des Noviziats in Hiltrup dahin, wie Tropfen, die der Nebel von den Zweigen fallen lässt nach dem Gesetz der Schwere. Auch Severins Gedanken glichen oft den Wolken da draussen. Welche Idylle hatte er zu Hause zurückgelassen. Hier erwarteten ihn kahle Räume. Sein Pult im Studiersaal hatte genau für zwei Bücher und das Schreibzeug Platz. Für schriftliche Betrachtungen, welche die Novizen täglich ausarbeiten mussten, gab es nur Papierreste. Severin stenografierte, so reichte das Papier auch für Tagebucheintragungen und für so manches Gedicht.

Die Klosterbrüder kochten nicht bloss sparsam, sondern auch schlecht. Am schlimmsten wurde der heilige Gehorsam auf die Probe gestellt. Gleich am ersten Tag sollte Severin mit einem fast borstenlosen Besen kehren. Als er einmal den Gang aufwusch, fand er im Waschwasser eine zerbrochene Porzellanschüssel. Weil die Schüssel zerbrochen war, musste sich Severin entschuldigen. Für einen logisch denkenden Menschen eine harte Probe.

Täglich standen die Novizen um halb 5 Uhr auf, versammelten sich mindestens siebenmal zum gemeinsamen Gebet in der Kapelle, arbeiteten in Garten und Haus, hörten Vorträge und trugen selbst vor. Zweimal wöchentlich spazierten sie durch den Föhrenwald, dessen Bäume in Reih und Glied standen, meist unter bewölktem Himmel. Wie grau waren die Tage.

Severin fühlte sich als Aussenseiter. Alle andern Novizen hatten die eigene Missionsmittelschule, das 'Kleine Liebeswerk', entweder in Antwerpen oder in Liefering besucht. Severin fand die andern unreif in ihren Entschlüssen für die Mission. Ein Franke wollte dorthin, weil seine Schwester drunten war; ein Österreicher wünschte sich, einmal unter Palmen zu ruhn. Nicht nur diese Einstellung distanzierte Severin von den andern. Nach einer Probepredigt bestaunten ihn seine Mitnovizen wie ein völlig fremdes Geschöpf. Der Novizenmeister hingegen fand Severins Darlegung unsinnig. Und doch hatte Severin Gedanken geäussert, die er sich abgerungen hatte, deren Bildfülle ihn beglückt hatte: Im Anfang war das Wort, die zweite Person in der Gottheit, die Person Christi. Nur vom menschlichen und geschöpflichen Wesen könnten wir sagen: es war. Vom göttlichen nur: es ist. Nämlich zeitlos. So schlage das Herz Jesu die Brücke von der Unbegreiflichkeit des göttlichen Wortes zu unserer geschöpflichen Fassungskraft, unserer menschlichen Liebesfähigkeit.

Weder Severins Mitnovizen noch der Novizenmeister hatten je daran gedacht, wie einsam Jesus gewesen war. Severin verstand dies, denn er selbst fühlte sich oft einsam. Die Gegenwart musste er durchstehn. Was tat's, wenn er sie öfters schwierig empfand. Er würde einmal das Licht in die Sturmesnacht der Welt tragen, zu fremden Völkern, vielleicht zu Menschen, die noch nie ein Wort über Christus gehört hatten. Wie waren sie doch in ihrem Dämonenglauben gebunden!

In Rabaol, auf der Südseeinsel Neupommern, musste sich das wilde Bergvolk der Baininger gegen den Einfall eines Seevolks, das noch im Kannibalismus steckte, zur Wehr setzen. Der Missionar dort, Pater Matthias Rascher, hatte mit einer kleinen Schar von Getreuen viel geleistet. Er würde noch Hilfe brauchen. Vielleicht käme Severin dorthin oder auf eine andere Insel. Wenn er nur Gottes Wort verkünden dürfte. Wie ein helles Licht trug Severin diese Hoffnung in sich. Und immer wieder dachte er an Gott, für den er wirken wollte.

Abends scharten sich die Novizen oft um Severin. Er erzählte ihnen von den Sternen, ihrer Grösse, ihren Entfernungen, von dem Diluvialsand des nahen Wäldchens, den geologischen Zeiträumen, und endete mit seinem Lieblingsthema: dem Rätsel der Ewigkeit. Ewigkeit oder ewige Wirklichkeit, Quader waren es, auf die man sein Leben aufbauen konnte. Dass die Seele unsterblich ist, dass ein Mensch dieses Gedankens fähig ist, wie tröstete dies. Oder es zermalmte. Gott war riesengross. Wie ruhig die anderen blieben. Kindern glichen sie, die mit den glänzenden Diamanten der Zeit spielten, ohne Ahnung ihres Wertes. In der Ewigkeit war die Zeit aufgehoben, deshalb, weil Ewigkeit kein Nacheinander bedeutet, sondern dauernde, für uns unfassbare Gegenwart. Darum war Gott nicht alt. Seligkeit konnte unmöglich langweilig werden. Denn dies geschieht erst durch die zeitliche Wiederholung. Andrerseits konnte unsere Welt nicht unendlich sein. Jedes Metall scheidet Kathodenteilchen aus, das sind elektronische Teilchen. Deshalb sind die Atome nicht das letzte an Teilbarkeit. Auch sie müssen ihre Grenze haben. Das ergibt sich aus ihrer Begrenztheit.

Für die Missionare wurden schwerere Studien verlangt als für jene Priester, die in Europa blieben. Dies hatte seinen Grund: Wer wusste, in welche Einsamkeit es den Missionar verschlagen würde. Mit vielen Interessen würde er weniger gefährdet sein. In Oeventrop, wo Severin während seines Scholastikats lebte, wurde für Interessen gesorgt. Zum Studium — zwei Jahre Philosophie und zwei Jahre Theologie — gab es zusätzlich Vorlesungen über Chemie, Physik, Mineralogie, Geologie, Geographie, Psychologie, Anthropologie. Severin las ausserdem Bücher über Aesthetik und Architektur, er studierte Mathematik und liebte die Malerei. Nur keine Fähigkeit verkümmern lassen. Nur nicht einseitig werden. Endlich lernte er auch Sprachen: Hebräisch und Arabisch. Die Philosophie baute Severin für sich auf zwei Grundsätzen auf: Jeder Mensch, der zu erkennen beginnt, unterscheidet Bleibendes vom Wandelbaren, sich und andere, Körper und Geist, Tod und Leben. Die Philosophie, genau so wie später die Theologie, die sich mit den erkannten Tatsachen göttlicher Offenbarung befasst, entsprachen Severins Denken in Grundbegriffen.

Die Studierenden kamen aus allen Teilen Deutschlands, ebenso aus Österreich, Ungarn, Holland und Belgien. Severin hatte endlich wieder ein eigenes Zimmer, in das er sich zurückziehen konnte. Er lernte leicht, deshalb blieb ihm genügend Freizeit, vielleicht zuviel. Sein Idealismus spitzte sich gefährlich zu. Ein unerbittliches 'Du sollst' forderte ihn. Auch auf seinen Spaziergängen im nahen Eichenwald liess es ihn nicht los.

EIN VORGESETZTER WIE EIN VATER

Pater Emil Kuntz, der Superior, bezeichnete Severin als den äussersten rechten Flügel unter den Scholastikern. Als äusserster linker galt ein Flötenspieler, der sich das Studium als Bummelei vorgestellt hatte. Der weinte ganze Nächte hindurch. Später verliess er das Scholastikat.

«Gefährde ich mich selbst durch geistige Masslosigkeit?» fragte Severin. Aber Pater Kuntz meinte: «Wofür Sie sich jetzt begeistern, das wird Ihnen ein Leben lang bleiben?» Er war ein verständiger, kluger Mann, der junge Menschen heranbildete. Severins seelische Not war ihm nicht entgangen. Er lud ihn zur Aussprache ein, sooft der junge Scholastiker danach verlangte. Severin fühlte sich von seinem Superior verstanden wie von einem guten Vater.

«Die Menschenseele ist ein Diamant», pflegte Pater Kuntz zu sagen, «mit Leiden schleift sie der göttliche Meister zurecht. Aber was wir dabei verlieren, verlieren wir leicht trauernd. Ist es doch Diamantenstaub.»

Wie im Gymnasium erprobte Severin seine Konzentrationskraft, diesmal durch Experiment mit einem Mitfrater. Ihre Zimmer waren voneinander durch einen langen Gang getrennt. Severin sagte seinem Kollegen, er werde ihm innerhalb der nächsten vierundzwanzig Stunden einen Auftrag erteilen, bei dem er selbst die genaue Zeit und den Wortlaut des Auftrages aufschreiben werde.

Noch am selben Nachmittag befahl ihm Severin in Gedanken: er möge sofort kommen und fragen, ob sie schon heute mit dem Experiment beginnen sollten oder erst am nächsten Tag. Kaum hatte sich Severin die Zeit und den Wortlaut notiert, als der Frater an seiner Tür klopfte. Er stellte die Frage, die Severin aufgeschrieben hatte. Nur noch einmal in seinem Leben machte Severin ein solches Experiment. Es war zu anstrengend. Durch die starke Konzentration setzte beinahe der Atem aus. Noch wusste Severin nicht, welche Grenzen er später einmal übersteigen sollte. Denn noch mühte er sich selbst, noch experimentierte er, noch war ihm sein Charisma nicht gegeben.

Die Brüder in Oeventrop kochten noch schlechter als die in Hiltrop. Die Ortsarmen, die sich die Überbleibsel des Essens holten, erkrankten daran. Das liess den Arzt des Ortes aufhorchen. Er meldete es einem befreundeten Pfarrer, der Alarm schlug. Als Kochlehrerin für die Patres schickte er ihm die dicke Tante Edelweiss. Auch Severin war infolge des schlechten Essens erkrankt. Er litt an schweren Magen- und Herzkrämpfen. Die Krankheit steigerte seine Angst. Solange übertrug er sie ins Religiöse, bis ihm sein Beichtvater die Ursache erklärte. Auch der Superior half mit grossem Verständnis. Das tröstete Severin. Und er suchte den Superior noch öfter auf als bisher.

Es war Herbst. Müde schlich der Bach dahin, der Nebel kroch hoch. Tiefe Wehmut erfüllte Severin. Er wusste, dass dieser Zustand ein Zeichen von Krankheit war und er sich davor hüten musste. Die dunklen Wacholderstauden ragten empor wie trotzige Wachtposten des Lebens. Sogar sie! Und er, Severin, sollte versagen?

Bei unerträglichen Schmerzen fand er ein Mittel, das ihm half: er betrachtete. Das heisst, er versenkte sich in die Grundwahrheiten des Glaubens. Was immer er sich vorstellte, sah er mit seinen Maleraugen deutlich vor sich. Langsam lösten sich die Krämpfe.

Und mit Erlaubnis des Superiors unterrichtete Severin Mitfratres in Malen und Sehen-Lernen.

«Beobachtet das Spiel des Lichts», sagte er ihnen, «wie ein winziger Sonnenstrahl durch das blutrote Brombeerlaub blitzt, wie es auf die braunen Schieferplatten fällt mit ihren violetten Schatten.»

Er zeigte ihnen, wie wunderschön sogar sperriges Unkraut am Wegesrand war. Man brauchte sich nur hinzulegen, die Zweige nahe beim Gesicht. Dann entdeckte man, wie fein jedes Kraut mit Licht, Schatten und Halbschatten modelliert war. Das brachte die Raumtiefe zum Bewusstsein. Wie anders sah die Gegend nach einem Gewitter aus: der Nebeldunst verhüllte alles Zarte. Nur die grossen Linien traten hervor, und von den Gipfeln tropfte das Licht.

Severin lehrte seine Mitbrüder die Perspektive und übte mit ihnen Helligkeitswerte, zuerst mit dem Bleistift, später mit Farben. Als ein Frater Ölfarben von zu Hause bekam, malten sie Bilder, für die Mission bestimmt: Severin einen Jesusknaben mit weissem Kleid und rotem Mantel. Die Hautfarbe fiel ihm zunächst noch schwer. Beim Aquarell trug man für die Schattenpartien die dunkle Farbe auf hellem Grund auf. Bei der Ölmalerei setzte Severin auf fleischfarbigem Grund andersfarbige Schatten und auch Lichter in dazupassender Farbe. So liess sich das Bild überraschend leicht malen.

Für die Mission mühte er sich. Auch er würde dorthin kommen. Auch er würde sein Gebet in Leben umsetzen. Ein Missionar arbeitete auf der Phosphatinsel Nura. Die deutsche, australische und japanische Regierung erschwerten seine Arbeit. Der Aussatz raffte immer wieder einen Teil der Bevölkerung hin. Trotz dieser Schwierigkeiten — von welchem Feuer, von welcher Begeisterung war dieses Leben erfasst. Einer der Mitbrüder aus dem Ruhrgebiet wurde ein guter Botaniker für die Mission. Ein anderer interessierte sich für die Kulan-Tänze auf Neupommern. Er deutete sie nach eingehenden Studien als Mondsymbole. Bei den Sagen und Mythen des Volkes stiess er vor bis zum Glauben an einen Gott. Ein Mitfrater aus Holland fürchtete sich, allein in der Dunkelheit durch den Park zu gehn. Später wurde er Missionar auf Neuguinea. Seine Kannibalen liebten ihn so, dass sein Gaul gewohnheitsmässig vor jedem von ihnen stehen blieb. Die Rechnung des Missionars für Jod war gross. Wenn sich die Papuas im Urwald die Haut ritzten, suchten sie den Missionar auf. Er sollte ihnen Jod darauf pinseln, denn das Gelb des Medikaments passte so gut zu ihrer braunen Haut.

EINE HIOBSBOTSCHAFT AUS DER MISSION

Eines Tages traf ein Telegramm aus der Südsee ein: «Pater Matthäus Rascher mit Patres, Brüdern und Schwestern in St. Paul auf der Insel Neupommern vom wilden Bergvolk der Baininger ermordet.»
Man redete in Oeventrop von nichts anderem. Man sagte den Studierenden, niemand sei verpflichtet, in die Mission zu gehen. Aber es gab nicht einen, der seinen Entschluss widerrief. Auch für Severin stand er so fest wie eh und je. Noch war für ihn die Mission unerreichbar. Aber vielleicht würde er in ein oder zwei Jahren drunten sein. Sie, die Südsee, galt ihm als Sprungbrett zur Ewigkeit, ein Abschnitt zum grossen ewigen Ziel. Würde er doch alle seine Kraft einsetzen müssen, um zu bestehen. In ge-

steigerter Aufmerksamkeit würde er leben, also ganz er selbst sein müssen. War doch das Leben eines Missionars voller Gefahren, und gerade deshalb konnte er sich nicht der Illusion hingeben, dass sein Leben gesichert sei — ausser in Gott.

«Ich träume hinaus in die Südsee Weiten»,
schrieb Severin auf ein Blatt Papier,
«wo wird dereinst mein Grab wohl sein?
Glocken werden kaum drüber läuten,
die Wellen nur rauschen, die Seevögel schrein.
Mitbrüder, manchmal Kannaken dort beten.
Und dann? Dann werd ich vergessen sein.»

Er stellte sich vor: Allein auf einem Atoll der Marschallinsel. Zur nächsten Insel würden es vielleicht 100 Seemeilen sein. Er, der einzige Weisse. Für ihn würde es der bestmögliche Platz auf der Welt sein.

Von den Niederen Weihen beeindruckte Severin am meisten die zum Exorzisten. Seltsam, keiner seiner Mitbrüder kümmerte sich um sie. Glaubten sie nicht an die Wirklichkeit des Dämonischen?

Pater Anatol Quoirier kam von den Sibertinseln. Unter den Neubekehrten war einer ein Zauberer gewesen. Da er jetzt Christ war, gelobte er aus eigenem Willen, sich nicht mehr mit Magie zu befassen.

Immer noch gab es Amoklauf. Ein Amokläufer erwachte aus dem Schlaf und machte sich davon. Die tollsten Sachen stellte er an. Zum Beispiel riss so einer ein armlanges Holzscheit aus dem Feuer und verschluckte das brennende Holzscheit.

Der Missionar sagte, er habe nie begriffen, wie das zuginge. Einer der Neubekehrten sei ein früherer Amokläufer gewesen, erzählte der Missionar. Jetzt sei er stolz darauf, dass er als Christ die Macht habe, den Amokgeist abzuwehren.

Wurde nicht allgemein das Dämonische unterschätzt? Der Geheimen Offenbarung nach ist die ganze Weltgeschichte ein Kampf der höchsten Geister gegeneinander. Ist nicht die Kraft böser Geister gewöhnlich grösser als man annimmt? fragte sich Severin.

EIN STÜCK HEIMAT

Immer wieder besprach er solche Fragen mit seinem Superior. Der besass die Kunst des Zuhörens. Hie und da warf er ein Wort der Korrektur ein: so löste er jede seelische Not des Jüngeren.

Für Severin bedeutete Pater Kuntz ein Stück Heimat.

Wieviel mag er dem Jüngeren mitgegeben haben auf seinem Lebensweg? Jahrzehnte später sollte Severin vielen Menschen in seelischen Nöten helfen.

«Man soll auch andere abbeissen lassen vom Kuchen der Vollkommenheit», sagte Pater von Lama ein paar Jahre vor seinem Tod zum Vater eines jungen Mannes, der sich nervlich aufgerieben hatte im pausenlosen Ringen um das Gute.

Nie mehr sollte sich Pater von Lama von einem Menschen so verstanden fühlen wie von Pater Kuntz.

Severin studierte Theologie, als ihn die Nachricht traf: Pater Kuntz würde als Generalassistent nach Rom versetzt. Gott wollte es so. Unter Severins Anleitung arbeiteten die Confratres an einem Abschiedsgeschenk für den Superior: sie bastelten ein Mauerwerk aus groben, rötlichen Backsteinen, durchbrochen von zwei romanischen Rundfenstern. Die gaben den Blick auf das Kloster in Oeventrop frei, und eine Kalksteinplatte darunter trug die Unterschriften. Die Fratres wurden gerade rechtzeitig fertig.

«Das haben Sie für mich gemacht?» fragte Pater Kuntz.

Er hielt eine Abschiedsrede, aber mitten im Satz brach er die Rede ab. Noch einmal schaute er auf die jungen Leute vor sich und ging hinaus.

Severin schrieb Pater Kuntz Brief um Brief. Aber er erhielt nie Antwort. Wahrscheinlich fürchtete der Ältere, den Jüngeren zu sehr an sich zu binden. Und der sollte frei sein für Gott. Noch zweimal im Leben kam Severin mit Pater Kuntz für kürzere Zeit zusammen. Auch dann sparte der erfahrene Jugendführer nicht mit guten Ratschlägen. Doch war er zurückhaltender als im Scholastikat.

Als Nachfolger für Pater Kuntz wurde Pater Christian Jansen gewählt. Hatte jener die Patres zu selbständigem Denken angeregt, so billigte dies Pater Jansen keineswegs. Seine Vorträge trieften von Moralismus, pausenlos spornte er die jungen Leute an. Pater Jansens Sätze begannen immer mit Subjekt, Prädikat — nach französischer Satzstellung. Auch seine Grammatik war nicht einwandfrei. So sagte er einmal: «Jemand hat auf dem Gang gepfiffen.» Severin flüsterte seinem Nachbarn zu: «Man pfoff.» Alles grinste.

Es gab Professoren, die alles Alte so sehr ablehnten, dass ihre Lehre nicht mehr katholisch war. Auch manche der Fratres glaubten, mit ihnen finge erst das wahre Leben an. Leben jedoch bedeutete für Severin Weiterleben, Weiterentwicklung. Wer das nicht bedachte, war ein Tor, der Fehler über Fehler machte, wovor ihn, Severin, die Erfahrung des früheren Lebens bewahren sollte. Er würde sich ja einmal verantworten müssen, sie nicht benützt zu haben.

Genau so missfielen Severin Menschen, die sich vor anstrengender Arbeit drücken und sich dabei noch genial vorkommen. Haben nicht grosse Genies unglaublich fleissig gearbeitet? Napoleon hatte alle grossen Schlachtenlenker studiert bis hinein ins Altertum. Mozart hatte sich schon als Kind geweigert, irgendeine Arbeitszeit am Klavier ausfallen zu lassen.

Frau von Lama besuchte Severin. Wie klein sie geworden war. Sie zitterte, als er von seinen Missionsplänen erzählte; trotzdem bewunderte sie ihn. «Welche Verantwortung du tragen wirst», sagte sie, und redete auch über seine Fehler. Es waren unvergessliche Tage. Camill, erfuhr Severin, besuchte jetzt das Priesterseminar in Dillingen. Maria hatte ihren Platz in einem Kloster gefunden. Gusti hatte wegen Krankheit das Kloster verlassen und arbeitete jetzt als Lehrerin. Der Beruf gefiel ihr. Fritz studierte in Rom, und Karl würde bald heiraten; er selbst gestehe es sich noch nicht ein. Sie hätten den Besitz verkauft. Nun, da doch nur Gusti zu Hause sei, brauchten sie nicht ein so grosses Haus.

«Und wenn du, Mama, früher abberufen wirst als Papa?» fragte Severin.

Sie starrte ihn fassungslos an. «So etwas darf doch nicht Papa treffen.»

Was Severin vorausgesehen hatte, traf ein: Seine Mama starb bald darauf.

PRIESTERWEIHE

Die andern seiner Studienklasse, alle älter als er, feierten gemeinsam die Priesterweihe mit feierlichem Tedeum nach der Messe. Severin als einziger musste warten.

Und ein Windstoss durchfuhr seinen Jugendtraum: Er wollte wissen, ob er für die Mission gesund genug sei. Denn immer wieder kamen nach einem oder zwei Jahren Patres aus der Mission in die Heimat zurück und starben. Sie hatten ihre Kräfte überschätzt.

Der Arzt blickte Severin ernst an. «Sie wissen, dass Sie zu wenig rote Blutkörperchen haben?» Severin bejahte. «Vielleicht überstehen Sie den ersten Malariaanfall», sagte der Arzt, «den zweiten bestimmt nicht.»

Severin war tief enttäuscht. Sollte er sich darüber hinwegsetzen? Das durfte er nicht. «Die Ausbildung hat zuviel gekostet», fuhr es ihm durch den Sinn, und Gott hatte ihm das Leben gegeben. Nicht er sich selbst. Er durfte es nicht leichtsinnig gefährden.

«Glauben Sie, ich schaff's in einem Jahr?» fragte Severin. «Ein Jahr, mein Lieber! Fünf oder sechs Jahre, sage ich Ihnen. Aber was zählt die Zeit in Ihrem Alter.» Doch, sie zählte.

Warten und wieder warten! Das musste er lernen.

In der Nacht träumte Severin von seinem Jugendfreund Franzl. In den letzten Jahren hatte er zweimal bedeutsam von Franzl geträumt. Heute sagte ihm Franzl, nun sei alles gut. Severin werde Priester. Seinetwegen habe er damals sterben müssen.

Am nächsten Tag redete Severin mit dem Superior über seine bevorstehende Priesterweihe.

«Sie werden als einziger ausgeweiht», sagte der Superior. «Sie begreifen doch, dass Ihretwegen kein feierliches Tedeum gesungen wird. Das zahlt sich doch nicht aus.» Severin spürte einen kleinen, stechenden Schmerz. Aber er nickte. «Ja, ich verstehe.»

Die Tage gingen auf ein leuchtendes Ziel zu.

«Morgen», dachte Severin, «halte ich Gott, den Schöpfer des Himmels und der Erde, bei der Wandlung in meinen Händen.»

Sein Vater würde kommen, seine Geschwister, und auch das frühere Kindermädchen Elis hatte sich angesagt. Doch Mama würde fehlen.

«Gott, dein Wille geschehe in allen Dingen, nicht meiner», betete er. Und er meditierte über den Willen Gottes. In ihn liess er sich fallen. Die Arme und Beine schliefen Severin ein, bald spürte er seinen Körper nicht mehr. Er war entrückt. Fort von seinem eigenen Willen, seiner Aufmerksamkeit, weg von seinem Empfinden. Und er fiel in ein unermessliches Glück.

Am 2. April 1909 wurde er in Paderdorn zum Priester geweiht.

ALS MITTELSCHULLEHRER IN LIEFERING

Die Gesellschaft der Herz-Jesu-Missionare war in Frankreich gegründet worden. Der Kulturkampf hatte die Ordensmitglieder über die Grenzen getrieben, nach Holland, Belgien, Deutschland und Österreich. Weil die Gesellschaft die ausfallende Innenmission hatte wettmachen wollen, waren ihre Mitglieder weitergezogen bis hinunter in die Südsee. Dort dehnte sich ihr erstes Bistum ungeheuer aus, und die einzelnen Länder hatten es aufgeteilt. Die Deutschen und Österreicher sollten jene Inseln missionieren, die deutsches Kolonialgebiet waren. Deutsche Behörden hatten Missionspersonal angefordert, das aus deutschen Schulen hervorgegangen war. So waren die Missionsmittelschulen entstanden, die man das 'Kleine Liebeswerk', nannte.

Eine dieser Schulen befand sich in Liefering bei Salzburg. Liefering, einstmals ein Fischerdorf, glich einer bäuerlichen Siedlung. Das Kloster und die benachbarte Irrenanstalt beherrschten den Ort.

Dem Altbau des Klosters waren zwei Flügel vorgelagert. In dem einen befand sich die Kapelle im Basilikenstil, im andern der Turnsaal. Im rechten Winkel schloss sich der Gymasialbau in Neurenaissance an. Es gab viele Treppen und Türme, einen grossen Garten und Spielplätze. Den ganzen Besitz umschloss eine Mauer; die Jungen fühlten sich geborgen.

Sie waren sympathische Kerle. Kaum einer von ihnen war ein Einzelkind. Durch die heilsame Rücksichtslosigkeit der Geschwister hatten sie sich früh genug an die Härten des Lebens gewöhnt. Dies war eine notwendige Voraussetzung zum Missionsberuf.

Pater von Lama wurde Lehrer dieser Missionsmittelschule. In dieser Schule wurden die Zöglinge auf den kommenden Missionsberuf vorbereitet. Der Lehrstoff war derselbe wie an öffentlichen Mittelschulen, doch das

Abitur musste an einer öffentlichen Schule abgelegt werden.

Severin übte seinen Beruf mit grosser Achtung vor der heranwachsenden Jugend aus. Niemals ermahnte er einen Schüler im Beisein der andern, sondern immer allein. Zur Zeit lehrte Pater von Lama Biologie, Chemie und Zeichnen; auch beaufsichtigte er die Zöglinge am Nachmittag.

In der Botanikstunde zeigte Severin seinen Schülern die Pflanzen, die er durchnahm. Eine jede war ein Wunderwerk. Die Insektenbestäubung würde die Buben einmal anregen, ein grosses Ganzes hinter der Tier- und Pflanzenwelt zu sehen.

Schon nach kurzem stellten ihn seine Schüler auf die Probe: Ob er auch andere Pflanzen kenne als die, die er in der Schule durchnehme. Und sie zeigten ihm seltene Kräutchen. Ihr Pater kannte die Namen nicht bloss deutsch, sondern auch lateinisch. Das gefiel den Jungen. Er war nicht starre Autoritätsperson, sondern Freund und Helfer der Jungen. Vor drei Tagen hatte er Radfahren gelernt, und schon radelte er unter den Holderstauden durch. Im Zeichenunterricht versuchte Pater von Lama die schöpferische Kraft seiner Schüler freizusetzen. Und freiwillig sorgte er für seine Schüler im Krankenzimmer. Sooft der Priester den Arzt erblickte, erkundigte er sich nach Krankheiten, deren Erkennungszeichen und Heilmethoden. Damals ahnte er noch nicht, dass er diese Kenntnisse später einmal brauchen würde.

Noch war er jung und wollte dazulernen. Sollte er denn sein Hirn mit oberflächlichen Dingen vollstopfen, die weder der Gottes- noch der Nächstenliebe dienten? Die Oberflächlichkeit würde nichts hinterlassen als verbrauchte Jugendzeit und Jugendkraft.

Wonach er strebte, war die wahre Wirklichkeit. Darüber versuchte er sich mit seinem Superior auszusprechen, den er vom Noviziat her kannte. Damals hatte ihn der Superior begriffen, heute nicht mehr. Auch seine Mitbrüder verstanden Severin falsch. Das bedeutete Einsamkeit, die wohl jedem Menschen bevorsteht. Spätestens in seiner Todesstunde würde jeder sie erfahren. Wie mit scharfer Lauge wurde alles Überflüssige ausgeätzt; umsomehr gewann das Wesentliche an Dimension.

Wie nie zuvor durchschaute Pater von Lama sich selbst und die andern. Er erkannte, wie körperliches Leid und Charakterschwäche aufeinander einwirken: Jede Leidenschaft versklavt durch übermässigen Sinnengenuss und führt zur Krankheit. Diese schwächt die Willenskraft. Viele stürzen sich in unnötige Geschäftigkeit. Andere schaffen sich Lebensumstände, die sie einengen. So bewegen sich die meisten Menschen in einem Kreislauf, der nur die Entschlossenen freilässt. Er wirft die Menschen auf ihre eigene Oberfläche und hindert sie daran, die Einzigartigkeit Gottes zu erfahren. Denn vor der letzten Wirklichkeit hat das Menschenherz Angst.

Pater von Lama fühlte Erbarmen mit den Menschen. Er wollte ihnen helfen und ihnen immer gütig gegenüberstehn.

Gott war Pater von Lamas Lebenszentrum. Auf ihn richtete er sein Tun aus. Auch bei schwacher Gesundheit bewältigte er die ihm auferlegte Arbeitslast und pflegte er seine vielseitigen Interessen. Wer begriff ihn? Seine Mitbrüder? Er forderte von ihnen das gleiche Mass an Anstrengung wie von sich selbst und ermahnte sie viel zu oft. Auch sein Vorgesetzter verstand ihn nicht.

Am Abend in seinem Zimmer hörte Pater von Lama von weitem den Orient-Express vorüberfahren: er hatte die Missionare in die ferne Südsee gebracht. Ihn nicht. So sehr er sich fügen wollte, das Herz hatte seine Gründe, von denen der Verstand nichts wusste. Dass er nicht mitgefahren war, hatte er wie Fahnenflucht empfunden. Hier führte er ein Leben, das seine Fähigkeiten einengte. Noch sehnte er sich nach der Mission, später würde sie sein Leben erfüllen. Wann würde dies sein? Noch war er hier, unterrichtete und fuhr an Wochenenden als Aushilfsgeistlicher in Pfarreien. Seine erste Predigt hielt er in einer Schlosskapelle vor einer gräflichen Gemeinde. Lange hatte er sich darauf vorbereitet. So still war es in der Kapelle, nur manchmal knisterte ein Kerzenflämmchen, oder draussen im Park zwitscherte ein Fink.

DER JUNGE PRIESTER

Eine Aushilfe an einem eisigen Wintertag: die Kirche war zum Erfrieren. Nach der Messe brachte der Ministrant statt eines warmen Frühstücks den Rest des Messweins und eine Semmel. Als Pater von Lama sich darüber beim Pfarrer beschwerte, durfte das Messbüblein den Wein am Holzkohlenfeuer des Rauchfasses erwärmen.

An einem anderen Wochenende fuhr Pater von Lama zur Aushilfe nach Piding. Der dortige Pfarrer hatte von seinen Mitbrüdern den Spitznamen erhalten: der heilige Franz von Piding, mit einem leichten Unterton des Allzuvielen. Freilich, an seine Kooperatoren und Aushilfspriester dachte er nicht: der Beichtstuhl war unter einer offenen Vorhalle angebracht; eisig pfiff der Wind durch die Flanken. Wollte er alle Patres, die hier stundenlang Beichte hörten, auf Rheumatismusfähigkeit prüfen? Severins Vorgänger hatte sich hier eine Rippenfellentzündung zugezogen.

Als Pater von Lama in Kärnten aushalf, wartete er vergebens auf die Beichtenden. Die Leute dort beichteten sehr selten. Die Bevölkerung steckte noch im selbstbewussten Liberalismus. Gewöhnlich holten die Angehörigen erst dann einen Priester für einen Sterbenden ins Haus, wenn dieser das Bewusstsein verloren hatte.

Auf den Zugfahrten unterhielt sich Pater von Lama mit den Leuten. So lernte er ihr Denken und Fühlen sowie ihre Sorgen kennen. Nur wenn er die Menschen verstand, würden sie sich auch in der Beichte bei ihm aussprechen.

Die Aussprache in der Beichte hielt Pater von Lama für äusserst wichtig. Ein Priester muss hellhörig sein, um zu erfahren, wieviel Not sich oft hinter einer schweren Sünde verbirgt. Vor wenigen Tagen hatte ein Mann seine Familie und sich selbst erschossen. Monate vor dieser Tat war der Mann sehr schweigsam gewesen. Hätte er doch die Gewohnheit gehabt, zu beichten und sich einem verständigen Priester anzuvertrauen. Der hätte hinter dem Widerwillen des Mannes für seine Familie dessen seelische Not erfasst. Vielleicht hätte er dem Mann geraten, einen Arzt aufzusuchen, oder eine persönliche Aussprache hätte das Unglück verhindern können.

Bald musste Pater von Lama zu seinem ersten Versehgang. Wenn er dabei etwas falsch machte, konnte er dies nie wieder in Ordnung bringen, meinte er. «Lieber Gott, jetzt hilf du mir», betete er, «dass ich keine Dummheiten begehe. Sonst hättest du dir einen Gescheiteren aussuchen müssen.» Kaum ging er aus dem Pfarrhof, als sich ein Gewitter entlud. Der Sturm drehte dem Priester den Schirm um, der Regen peitschte ihm ins Gesicht. Er ging an Maria Plain bei Salzburg vorbei und kam nach Radeck. In einem Bauernhaus erwartete ihn eine Stube voller Leute. Die Kranke war ein 14jähriges Mädchen mit Herzwassersucht. Der Vater hatte sie in eine Wolldecke gehüllt und sie auf seinen Schoss gesetzt.

Der Priester überlegte: Würde er der Beichte wegen alle hinausschicken, auch den Vater, so musste er das nur mit einem Hemdchen bekleidete Mädchen selbst halten. Das ginge, meinte er für sich, für einen jungen Priester nicht an. Also liess er es allgemein bekennen im Beisein aller. Das heisst: Der Priester forderte das Mädchen auf, seine Sünden zu bereuen. Dann sprach er sie los, spendete ihr die Kommunion und die Letzte Ölung. Nachher richtete er tröstende Worte an das Kind und die Eltern und gab ihnen allen den Segen.

Auf dem Heimweg flohen die Wolken vor dem durchbrechenden Licht. Wie frisch das Gras roch. «Das arme Kind», dachte Pater von Lama. «Kaum zum Leben erwacht, muss es wieder fort. Aber etwas wird das Mädchen geleistet haben, sonst holte sie der Herr über Leben und Tod nicht heim. Und bestünde dies in nichts anderem als in der Ergebung in Gottes Willen.»

Ein erstes Mal begleitete Pater von Lama den Pater Direktor auf Krankenbesuche. Zuerst suchten die beiden ein altes Fräulein in einem sauberen Stübchen auf, dann einen Mann, der an Kieferkrebs litt.

«Graust Ihnen nicht, Pater von Lama?» fragte leise der Direktor.

«Und wenn schon. Jetzt oder nie werde ich den Ekel überwinden. Wozu bin ich Priester geworden?»

Trotz guten Willens scheute Pater Severin vor dem Patienten zurück. Sein ganzer Unterkiefer war weggefault und hatte sich in eine furchtbare blutende Wunde verwandelt. Der alte Bauer hatte früher immer die Pfeife im Mund gehabt, ohne sie jemals zu reinigen. Als er auf der Unterlippe ein Geschwür bekommen hatte, war er nicht zum Arzt gegangen, sondern hatte sich allein 'kuriert'. Seine Pfeife, so hatte der Bauer geglaubt, würde ihm helfen. Er hatte sich mit dem Sotter den Mund eingeschmiert und davon Krebs bekommen.

Die Primiz seines Bruders Camill unterbrach den Alltag. Als Severin durch den Wald nach Dietramszell wanderte, sang er laut. Er war froh gestimmt wie seit langem nicht mehr. Seine Lieblingsschwester Maria begrüsste ihn als erste. Gusti kam mit dem gelben Postwagen, dann sein Bruder Karl mit Frau. Zuletzt sein Vater. Nur Fritz weilte noch in Rom. Jetzt im Kreise seiner Verwandten durfte Severin mittönen wie eine Glocke. Schnell verging der Tag. Plötzlich wie im fernen Nebel sah Severin Bilder der

Zukunft. Er ergriff Marias Hand. «Wir sehen uns heute zum letztenmal», sagte er ernst, «denn du wirst sterben.» Und er nannte ihr den Todestag: «Grüsse Mama von mir und auf Wiedersehn.»

Sein Wissen schmerzte ihn. Und warum musste er immer wieder von den liebsten Menschen Abschied nehmen? Gott allein wusste es und wollte das Beste.

Ob er, Severin, später noch empfänglich sein würde für die Frist, die ihm sein Schöpfer für seine Aufgabe gewährte?

Jetzt war er es noch. Alles, was er gelernt hatte, die ganze Wissenschaft, wollte er umformen, sie beleben für die Seelsorge. Das theologische Wissen hob sich für ihn vom Hintergrund des Welttheaters ab. Es würde für ihn ein Leben lang gross bleiben. Ein Buch über Mystik faszinierte ihn. Mystik spielte bei fast allen Klostergründungen mit hinein. Man musste deshalb ihre geschichtliche Bedeutung anerkennen.

Severin wusste noch nicht, dass er später jahrzehntelang an seiner «Mystik in Österreich» arbeiten würde.

GEOLOGIESTUDIEN

Noch war die Südsee sein Ziel. Er musste hinunterkommen. Aber wie? Kein Mensch redete davon, dass die Mission ihn brauche. Er war gesundheitlich schwächlich und hier in Liefering unabkömmlich. Doch war es ihm unmöglich, den Missionswunsch aufzugeben. Also musste er irgendetwas finden, wodurch er für die Mission wichtig war. Die Mission war arm. Wie, wenn man die Bodenschätze im Missionsgebiet auswertete? Severin interessierte sich für Geologie. Ja, hier lag die Lösung. Und die Hoffnung durchpulste ihn.

Hier in Salzburg, wo unter Alexander von Humboldt und Leopold Buch die alpine Geologie ihren Ausgang genommen, wo ausserdem das Landesmuseum 63 000 Mineralien verwahrte, war der geeignete Boden für seine Forschungen. Die Ordensobern, die Pater von Lama jetzt nicht verstanden, würden ihn gewiss einmal benötigen. Sobald wie möglich begann er mit dieser Arbeit.

Er las wissenschaftliche Werke, interessierte sich für Gesteinsarten und wanderte an einem freien Nachmittag allein zum Untersberg. Da Wetter und Schwerkraft unsere Erde gestalten, studierte er auch diese. Der Schwerkraft des Wassers zufolge sammeln sich die Regentropfen zu Quellen, gurgeln in Bächen, schliessen sich in Wasserfällen zu einem Kampfruf zusammen, vereinigen sich zu Flüssen, diese wiederum zu Strömen und münden ins Meer. In einem einzigen Choral verbringen Gottes nimmermüde Diener ihr Werk.

In den Ferien musste Pater von Lama an das andere Salzachufer nach Bergheim, um dort den völlig erblindeten Pfarrer zu ersetzen. Das bedeutete Seelsorge in vollem Ausmass. Pater Severin bemitleidete den Pfarrer. Aber besser körperlich erblinden als geistig für eine jenseitige Welt. Gleich am ersten Nachmittag schritt Pater von Lama am Flussufer entlang, das mit Doldenblüten übersät war, schlug sich in den Erlenwald und stand vor einem Steinbruch. Hier lagen flache, dünnplattige Tonschiefer- und Mergelschichten, interessant für ein Geologiestudium.

Ein anderes Mal wanderte der Priester hinunter zur Salzach. Nach der Eiszeit war sie ein grosser See gewesen. Er fand versteinerte Meeresalgen, die bald an blühende Gräser, bald an zerdrückte Herbariumpflanzen erinnerten, dann wieder die Schnittfläche durchbohrten und nichts anderes als runde Löcher zurückliessen. Nur im Sandstein wiesen Häcksel- und Pyritkristalle darauf hin, dass hier einmal das Leben gepulst hatte.

«Ob Zeiträume von geologischen Bildungen oder Menschheitsepochen», dachte der Priester, «alles geht vorüber, nur nicht Gottes Ewigkeit. Nur, wenn unser Leben vor ihm gilt, wenn wir für ihn und seinen heiligen Willen gelebt haben, werden wir teilnehmen an seiner Ewigkeit.»

Und der Priester träumte von den skandinavischen Gletschern vor Zehntausenden von Jahren, als noch kein Mensch sie gesehen hatte in all ihrer Schönheit. Nur Gott! Ewiger, unbegreiflicher Gott!

Der Pater blickte um sich. Die Wände des Untersberges mussten stellenweise Korallenstöcke gewesen sein. Vielleicht war der Götschen vulkanisch? Von der Ferne schien es so. Das war es, was Pater von Lama suchte, eine Gesteinsart, wie sie in der Südseemission vorhanden war. Dann könnte er schon hier ihren Bodenschätzen nachspüren, und dies würde für die Mission eine grosse Hilfe sein. Vielleicht würde er als erster Mensch die Globerinenbänke in Neupommern bestimmen.

Auf dem Heimweg in den Pfarrhof wuchtete schwer der Untersberg über einer verschwimmenden Ebene, und die Bogenlampen des Bahnhofs funkelten wie eine Perlenschnur in der Dämmerung.

Oft schloss sich der Dechant der Pfarrei Pater von Lamas Wanderungen an. Der Dechant war ein wuchtiger Mann, der abnehmen wollte, den Berg hinaufkeuchte, zurückblieb und doch wieder stöhnend weiterging. Zu Hause hatte er einen riesigen Hunger und löffelte einen ganzen Laib Brot in einer Schüssel voll Milch aus.

Einmal wanderte Pater von Lama den Götschen allein hinauf und war enttäuscht. Der Berg war nicht vulkanischer Natur. Severin würde weiter suchen müssen.

MÜHSELIGER ALLTAG

Der Superior in Liefering war ein Mann mit starker Hand. Für einen so feinnervigen Menschen wie Pater von Lama wäre ein verstehender Vorgesetzter besser gewesen.

Auf alle Bitten Severins hatte der Superior ein entschiedenes Nein, ohne jede Begründung. Weder befürwortete er, dass Pater von Lama weiterstudieren durfte, noch schickte er ihn in den Sommermonaten so wie andere ins Ausland, um seine Sprachstudien zu vervollkommnen. Nicht nur einmal bat Pater von Lama den Superior um Farben. Umsonst. Noch schlimmer erging es Severin mit dem Pater Direktor. Der hatte ihm mehr als eine volle Lehrverpflichtung gegeben. Physik, Zeichnen, Stenografie und Mathematik musste Severin unterrichten. Dazu kam die Aufsicht im Studiersaal oder beim Spiel und auf Spaziergängen. Severin hatte sein Zimmer neben den Zöglingen. Trat nachts ein Schüler aus, so musste er an Pater von Lamas Zimmer klopfen. So lautete die Vorschrift. Die Jungen klopften oft 40 mal nachts an seiner Tür. Pater von Lama hatte einen sehr leichten Schlaf und wachte jedesmal auf. Tagsüber war er so müde, dass er kaum seiner Arbeit nachkam.

«Das heisst Raubbau treiben mit der Gesundheit», beschwerte er sich. «Sie müssen ja nicht aufwachen», sagte Pater Direktor, «oder glauben Sie, ich werde Ihretwegen eine Ausnahme machen?»

So ertrug Pater von Lama diesen Zustand als Zulassung Gottes. Pater Direktor verlangte: Pater von Lama habe bei der Nachtaufsicht jene Buben zu wecken, die nicht nach Vorschrift auf der linken Seite schliefen. Dies lehnte Severin scharf ab. Jeder Muskel, sagte er, entspanne sich im gesunden Schlaf. Darum drehe sich der Schlafende von links nach rechts und umgekehrt, oder er liege auf dem Rücken. Der Mathematikunterricht in der Missionsschule missfiel Severin. Seiner Ansicht nach wurde zuviel verlangt. Das ganze roch nach einem Hochschuldozenten als Fachberater. In der Geometrie wurde das behauptet, was erst bewiesen werden sollte. Pater von Lama nahm sich vor, den Entdeckergeist der Jungen zu wecken, dann würden sie später interessierte Menschen werden.

Den Kleineren erklärte der Priester den Begriff der Million. Eine Million Stecknadelknöpfe, aneinandergereiht, ergeben einen Kilometer. Kann jemand eine Million Minuten oder Stunden erleben? Was kauft man sich mit einer Million? Kann jemand eine Million Sünden begehen? Und wieviele Sünden wären dies durchschnittlich an jedem seiner Lebenstage? Aber bei den Sünden käme es weniger auf die Zahl an, sie würden eher gewogen. Und doch, wären sie noch so schwer, ein einziges Tröpflein des Herzblutes Christi würde sie auslöschen, wenn der Mensch seine Sünden bereute. Solche Darlegungen gefielen den Jungen, und sie stellten aufgeweckte Fragen. Manchmal fragte sich Severin, ob der Priester bei so viel Arbeit nicht zu kurz käme.

In den Ferien erholte sich Severin immer wieder, aber kaum fing die Schule wieder an, spürte er eine lähmende Müdigkeit. Sie steigerte sich gegen Schulschluss. Severin fuhr in die Ferien an das Grab seiner Mama und weinte erschüttert. Zum erstenmal nach seiner Schulzeit traf Severin seinen Bruder Fritz, der nach Deutschland zurückgekehrt war und dort als Journalist lebte. Er hatte inzwischen geheiratet. Erst jetzt lernte Severin dessen Frau und dessen Tochter Lilly kennen. Damals ahnte Severin nicht, wie richtunggebend sein Leben für das Mädchen sein würde.

Auch in den nächsten Schuljahren war Pater von Lama mit Arbeit überlastet.

KRANKHEIT

1913 erkrankte Pater von Lama. Er erlitt einen grossen Blutverlust. Zur Erholung wurde er nach Innsbruck geschickt. Die vielen Regentage besserten seinen Gesundheitszustand nicht. Severin lernte einen irischen Mitbruder kennen, den er Mathematik und Naturwissenschaft lehrte. Der Ire war begeistert von der Ordnung, die allen Gesetzen innewohnte.

Erst in Südtirol genas Pater von Lama. Hier ergänzte er die Studien der Mineralogie, fand rosaroten Granit, darin weisse Apatitkristalle, von schwarzen Turmalinnadeln umgeben. Sie waren ein untrügliches Zeichen vulkanischen Ursprungs; ebenfalls andere Funde: der goldig glänzende Kupferkies und der blaugrüne Malachit. Sofort nahm Severin Hammer und Meissel, Notizbuch, Stift und Packpapier aus seinem Rucksack und beklopfte die Steine. Sein nächstes Standquartier wählte er zwischen der Rosengartengruppe und der Marmolata. Er wanderte das Tal Pelegrino hinauf zum See. Hier entdeckte er Dolomitmarmor ohne jeden dunklen Fleck. Um die Mittagszeit legte sich der Priester ins Gras. Kohlröslein dufteten, der Wind pfiff durch die Halme, ein Feuervogel zwitscherte. Wie unverbraucht die Welt wieder war. Pater von Lama meisselte einen Augitkristall aus einem Stein, als ein Tourist des Weges kam. Bald philosophierten die beiden Männer.

«Ich bin Priester», sagte Pater Severin.

«Wie können Sie nur?» wunderte sich der Tourist, «führen Sie doch lieber ein freies, glückliches Leben.»

«Sind Sie sicher, dass Sie so glücklich sind wie ich?» fragte der Priester. Da kamen dem andern die Tränen. Schnell verabschiedete er sich. In der nächsten Hütte stiess Pater von Lama wieder auf den Mann. Der nickte ihm kurz zu und verschwand. Die Kellnerin sagte später, der Tourist habe sich in seinem Zimmer eingesperrt, er habe keinen Menschen sehen wollen.

Täglich neue Wunder! Zur Marmolata kam noch die Sellagruppe hinzu, eine Stufenlandschaft in prächtigen Farben. Im Abendlicht wanderte der Priester hinunter nach Corvara. Das Gasthaus dort war voller Leute. Ein Hauptmann an Pater von Lamas Tisch spottete über die Limonade, die sich der Priester bestellt hatte. «Wie wollen Sie jemals Kraft kriegen?»

Als er hörte, welchen Marsch der Priester hinter sich hatte, und gar den Rucksack aufhob, verstummte er.

Wieder im Kloster, studierte Severin Ethnographie. So war er für die Südsee gerüstet. Endlich würde sich sein Jugendtraum erfüllen. «Das Leben kennt keinen Stillstand», dachte er, «wenn es gesund ist, geht alles einem Ziel zu.»

Anfang 1914 befasste sich Pater von Lama mit dem Liberalismus. Der ging auf die Freidenkerei zurück. Das freie Leben hatte das Volk zur Zügellosigkeit verführt. Karl Marx, der kommunistische Klassenkampfagitator, hatte 1848 «Das Kapital» zu schreiben begonnen. Im selben Jahr — also noch vor Erscheinen des Buches — hatte der Bischof von Mainz, Freiherr von Ketteler, in der Thomaskirche über die soziale Frage gepredigt. Und bevor Adler die sozialistische Partei gegründet hatte, hatte längst Kettelers Adelsgenosse, der Fürstbischof von Breslau, Freiherr von Diepenbrock, im deutschen Reichstag die Gesetzesordnung zum Schutz des Arbeiterstandes eingebracht und durchgesetzt. Aber liberalistische Strömungen wollten die Reformbestrebungen der Kirche übertrumpfen. Neue Schlagworte gewannen an Kraft. Pater von Lama bangte um die politische Zukunft. «Es kommt wieder zum Krieg», erklärte er bei einem Mittagsspaziergang seinen Mitbrüdern. «Aber doch nicht im Zeitalter des Fortschritts!» — «Was heisst Fortschritt», sagte Severin. «Ich halte es mit dem Katechismus und seinen Dogmen von der Erbsünde und ihren Folgen. Erforscht einmal das Gewissen von Familie, Gemeinde und Staat!» Man antwortete mit rücksichtsvollem Schweigen.

DER ERSTE WELTKRIEG

Einen Monat später, am Abend von Peter und Paul, verkündete ein Extrablatt: «Thronfolger Ferdinand in

Sarajewo ermordet.» Wieder einen Monat später, am 31. Juli nachmittags, rief der greise Kaiser die gesamte Streitmacht zu Lande und zu Wasser zu den Waffen. An diesem Tage weilte Pater von Lama in Innsbruck. Bis spät in die Nacht zog das dort in Garnison liegende Prager Hausregiment Nr. 28, altösterreichische Märsche spielend, durch die Strassen der Stadt. Zivilisten und Militär verbündeten sich. Am Samstag, den 1. August, strömten aus allen Teilen Tirols viele Tausende von Reservisten in die kasernenmässigen Unterkünfte. Jedes Regiment war innerhalb von wenigen Tagen von 1000 auf 7000 Mann angewachsen. In der ersten Augustwoche gingen die ersten Truppentransporte aus Tirol nach Galizien ab. Am 20. August stiess eine Armee gegen die Hauptstadt Galiziens vor. Bereits im September gab es Verwundetentransporte in die Heimat.

Wie gemütlich war doch das bürgerliche Leben gewesen. Wenn in Afrika der Krieg der Buren ausgetragen worden war oder im Osten zwischen Russland und Japan, so hatte dies dem Europäer Gesprächsstoff geliefert, mehr nicht. Jetzt verwandelte sich die Geschichte zur selbst erfahrenen Wirklichkeit. Wenn auch Siege gefeiert wurden, wie der bei den Masurischen Seen — der Preis war: Tausende von Gefallenen, Erfrorenen, Ertrunkenen und Verstümmelten.

Wer von einer Weltseele geträumt, erfuhr durch den Krieg: die Welt war sinnlos beseelt.

Selbst die Kannibalen wussten von dem Unrecht des Mordens. Ein Mitbruder, der aus der Mission eingetroffen war, bestätigte das. Als erster Weisser hatte er einem Häuptling von Neumecklenburg über das fünfte Gebot: 'Du sollst nicht töten!' gepredigt. Der Häuptling hatte nach eigener Aussage 25 Menschen ermordet und 23 davon gefressen. «Dass man nicht töten darf», hatte der Häuptling gesagt, «braucht mir niemand zu beweisen. Jeder von uns weiss dies von seinem Bauch her.

Aber die Kraft, dies zu befolgen, die gib uns, weisser Pater, dann nehmen wir deine Lehre willig an.»

Hier aber mitten im kultivierten Europa schlugen immer noch die Wellen der Kriegsbegeisterung die Menschen in ihren Bann. Jeder Verlust zeigte die entstellte Wirklichkeit. Das Leid des Krieges hämmerte der Menschheit ein: «Gewiss wir leben, aber auf ein Ende hin. Und dann?» Es nützte nichts, vor dem Drama die Augen zu schliessen.

Pater von Lamas Traum von der Mission rückte in immer weitere Fernen. Solange der Krieg dauerte, würde er wohl nicht hinkommen.

Ein Mitbruder fiel einer falschen Mystik zum Opfer; er glaubte einer angeblichen Visionärin. So sehr sich der Direktor, ein ehemaliger Dogmatikprofessor, und Pater von Lama um den Mitbruder bemühten, es war vergebens; er trat aus. Aber so hatte es kommen müssen. Ein Priester darf seine Freiheit nicht für billige Lektüre verschwenden.

Im März starb Maria, Severins Lieblingsschwester. Im Anblick des Heilandherzens ging sie hinüber an jenem Tag, den ihr Severin vorausgesagt hatte. Sein Bruder Fritz wurde auf Betreiben englischer und französischer Behörden angeklagt wegen angeblicher Spionage. Sein Ansehen in der katholischen Welt war zu gross. Doch konnte Fritz über die Schweizer Grenze in St. Margrethen flüchten. Die Polizei hatte keinen 'Herrn Ritter, gebürtig aus Lama', in ihrem Fahndungsbuch.

Pastellfarben, für die Mission bestimmt, erreichten jetzt nicht mehr ihr Ziel. Deshalb bekam sie Severin. Endlich durfte er wieder malen. Überraschend leicht und schnell malte er mit diesen Farben. Er malte ein Herbstbild für einen Pater, der aus Hiltrup da war. Als der Superior dies sah, wünschte er sich auch ein Bild. Pater von Lama glaubte, der Himmel tue sich auf, als der Superior ihm Geld für Farben gab. Als jedoch die Farben aufgebraucht waren, und er wieder um ein paar Kreuzer zu ihrem Kauf bat, winkte der Superior ab, und Pater von Lama verlor jeden Mut zu weiteren Bitten.

Doch durfte er als Aushilfspriester in einem Wallfahrtsort wirken. Ein Laienbruder dort hatte eine böse Wunde unter dem Auge. Dieser Krankheit wegen müsse er oft zur Klinik, aber die Wunde breche immer wieder auf, erzählte er. Weil der Bruder den Altar mit roten chinesischen Primeln versorgte, vermutete der Pater sofort eine Allergie. Die Blumen seien ein Treibhauserzeugnis und durch die feuchte Luft reich an Drüsensaft.

Die Arbeit im Beichtstuhl folgte. Stunden um Stunden durfte der Priester helfen, die Herzen bedrückter Menschen wieder heil und froh zu machen. Auch sie hatten tiefe Wunden. Auch in sie war einmal Infektionsgift eingedrungen, wogegen nur die Medizin des göttlichen Arztes hilft.

Am Abend bewunderte der Priester Primeln und Enziane auf den Wiesen, Hainsalat, Arnika und Goldnessel. Welch eine Farbenpracht! Voll Schmerz gedachte der Pater jener, die jetzt auf den Schlachtfeldern verbluteten.

Als er nach Liefering zurückkam, erfuhr er: ein Mitbruder hatte die letzte Ölung verlangt. Er machte aber nicht den Eindruck eines Schwerkranken, denn er konnte noch ein ganzes Kartenspiel zerreissen. Eine Woche später erwachte er plötzlich aus dem Mittagsschlaf, verlangte den Superior und sagte, jetzt werde er sterben. Und so geschah es.

1918 bekam Pater von Lama den Einberufungsbefehl. Er musste nach Neu-Ulm zu den Sanitätern. Dort erweiterte er seine medizinischen Kenntnisse. Durch die Not des Krieges, des Elends, des Todes, vertiefte sich seine Mitleidensfähigkeit. Seine Tagebuchaufzeichnungen aus dieser Zeit sind spärlich. Nur ein paar Gedichte deuten das Erlebte an.

Wie anders war alles nach dem Krieg geworden. Dies

wurde Pater von Lama bewusst, als er März 1919 nach Liefering zurückkehrte: Sein neuer Superior war ungehalten, weil er einen Tag später, als angemeldet, eingetroffen war. Seine Mitbrüder begrüssten ihn kaum. Ein Mitbruder, der allgemein als glänzender Gesellschafter galt, erzählte wie vor zehn Jahren seine Witze, und keiner seiner Mitbrüder fragte Severin, wie es gewesen sei. Man sprach nicht über das Furchtbare, das Millionen Menschen getroffen hatte. Nur seine Schüler umringten ihn, und auch die Laienbrüder, die in Garten und Küche arbeiteten. «Der Fortschrittsglaube der Menschheit», schrieb Pater von Lama, «und seine Beglückung ohne Gott wird sich wohl noch auf politischem Gebiet austoben wollen. Aber durch diese Einengung beweist er seinen Verfall.»

Das höchste Ziel des Menschen konnte es unmöglich sein, jedes Jahr ein halbes Dutzend Zöglinge zum Abitur zu führen. Aber in Gott zu leisten, was der jeweilige Beruf verlangte, das war es. Für Severin hier bei seinen Buben oder später draussen in der Südsee. Hoffentlich bald. Jetzt war ja der Krieg zu Ende.

Schon am nächsten Tag musste Severin nach Salzburg. Blau strahlte der Himmel. «Gibt's denn das noch?» schrieb Pater von Lama in einem Gedicht. «Kein Schuss mehr und kein Drahtverhau. Kein Brüllen, Meutern, keine Zoten, und kein Fluchen. Kein Todesschrei. Kein Automat. Mensch wieder sein.»

Da er bis zum Schulbeginn nicht benötigt wurde, durfte er diese Monate als Hausgeistlicher bei Baron Raimund Fugger von Fugger-Kirchberg sein. Dies war eine schöne Zeit. Dann begann wieder das Schuljahr mit den vielen Unterrichtsstunden. Besonders schön empfand der Priester die Samstagabende. Das Licht verglimmte auf den Berggipfeln. Die Arbeit der Woche war getan. Die Buben beteten in der Kapelle ihr Nachtgebet, bevor sie sich niederlegten, nur der Priester wachte noch. Er dankte

Gott für alles, was er in dieser Woche getan und erlebt hatte. Wieder war ein Schritt getan hin zum grossen Ziel, zur Ewigkeit.

Ein Jahr später starb Severins Vater. In einem Gesicht hatte der Priester seinen Tod geschaut in allen Einzelheiten. Daher überraschte ihn die Todesnachricht nicht.

BRUDER DIDALUS

Monate später erkrankte Pater von Lama an Rotlauf. Die Krankheit griff auf die Atmungsorgane über und schädigte Herz und Nieren. Schon am zweiten Tag gab der Arzt den Patienten auf. Jetzt aber wirkte sich gut aus, dass Severin seit Jahren weder Kaffee noch Alkohol getrunken hatte. Denn sein Herz blieb trotz der Krankheit elastisch. Die Toxine überschwemmten den Körper allerdings so, dass der Priester monatelang gelähmt dalag. Nur an seinem Namenstag im Januar konnte er einmal das rechte Knie abbiegen.

Zugleich mit ihm lag Bruder Didalus im Krankenzimmer. Er liess Pater von Lama sagen: Er sei bereits alt, Severin jedoch jung. Deshalb habe er Gott sein Leben angeboten an seiner Statt. Als Bruder Didalus im Sarg lag, stand Pater von Lama zum ersten Mal auf. Seine Genesungszeit benützte er für Farbstudien. Auch studierte er die Differenzialrechnung und arbeitete zwei Bände Psychologie durch. Besonders interessierte er sich für parapsychologische Studien.

Schnell wurde Pater von Lama nicht gesund. Auch 1922 verbrachte er den Januar gelähmt im Bett. Nie hatte er erotische Vorstellungen in solcher Stärke gehabt wie jetzt. Um in schlaflosen Nächten nicht in Sünde zu fallen, dachte er sich ein Theaterstück aus: «Die Kronjuwelen von Mizar». Das Stück wurde später vom Schülertheater öfter aufgeführt.

Zur Erholung in Innsbruck, trainierte er sein Herz. In Begleitung eines Mitbruders ging er am ersten Tag nur bis zur Höttingerkirche, an jedem der folgenden um 50 m höher. So konnte er schliesslich wieder die Gletscher besteigen. Das verdankte er Bruder Didalus. Auch seine geologischen Wanderungen nahm Severin wieder auf.

Lange genug hatte er um seinen Jugendtraum gebangt, Südsee-Missionar zu werden. Jetzt hatte er einen neuen Provinzial, der aus der Südsee gekommen war. Der würde ihn verstehen. Sollte er bei ihm anfragen, wann er endlich hinfahren dürfte? Aber noch wartete er ab.

Im Herbst dieses Jahres — man schrieb das Jahr 1922 — warb die Berliner Erdölgesellschaft ihn als Regionalgeologen für einige Tage an. Es gelang ihm, schwache Erdölvorkommen bei Talgau nachzuweisen. Für das Flachland freilich hätte es eine Tiefbohrung gebraucht. Als er nach Liefering zurückkam, spottete ein Mitbruder: Mit seinen geologischen Studien habe er ganz gewiss noch keinen Kreuzer verdient. Hatte der eine Ahnung, wie gut die Gesellschaft gezahlt hatte. Freilich, für sich selbst verwendete Severin nichts. Alles bekam der Orden. Der brauchte das Geld. Denn jetzt in der Inflation hatte es nur mehr ein Zehntausendstel seines ursprünglichen Wertes.

Pater von Lamas geologische Kenntnisse hatten sich herumgesprochen. Eine nicht-katholische Regierung meldete sich: er sollte ein Gestein untersuchen, ob es Aluminiumerz enthalte. Die Gesteinsprobe ergab Manganerz.

Später wurde er nach Albanien gebeten, um ein Gutachten über die Bodenschätze des Landes abzugeben. Auch das Naturkundliche Museum in Wien ersuchte ihn um Mitarbeit. Seine Erfolge konnten nicht unbemerkt bleiben bei seinem Obern. Jetzt würde ihn also die Mission brauchen. Er fragte endlich seinen Provinzial. Der betrachtete lange den Priester.

«Ich schicke lieber junge Männer in die Mission», sagte er, «ihr Organismus passt sich leichter dem Klimawechsel an». Überdies sei Severin in Liefering kaum ersetzbar. Als er von seinem geologischen Wirken berichtete und von seinem Plan, die Bodenschätze in der Mission auszuwerten, verwies ihn sein Provinzial an Prof. Schaffer in Würzburg und an den Polizeimeister A. Delemann in München. Mit ihnen sollte er sich in Verbindung setzten. Die würden ihm weiterhelfen.

«Ich wollte früher Trass finden in Neupommern», gestand der Provinzial. «Gemahlen gibt Trass guten Zement. So brauchten wir keinen so teuren aus Australien einzuführen.»

«Man kann leicht sagen, ob und wo Trass vorkommt», meinte Pater von Lama, «sobald man festgestellt hat, welche Windrichtung vorherrscht.» Als er den Provinzial verlassen hatte, jubelte er. Er würde in die Mission kommen. Hatte er jemals daran gezweifelt? Jetzt würde es endlich bald sein.

Wie tief ihn alles berührte. Sein Kunstempfinden steigerte sich täglich. Besonders für Musik. Das Kyrie eleyson in Bruckners Mollmesse klang ihm rührend entgegen. Den Sonnenaufgang in Haydns Schöpfung erlebte er überwältigend. Wie liebte er Mozarts Requiem. Manchmal fragte er sich, wohin ihn diese beständige Vertiefung noch führen würde.

Auf seinen geologischen Wanderungen kam er nach Altötting. Dort traf er bekannte Patres. Und wieder ruhte er in Gott, zeitlos, raum-unbewusst.

Als er nach Liefering zurückkam, überraschte ihn die Nachricht: er sollte zur Missionsausstellung nach Rom, denn er als einziger verstünde sie ethnologisch und geologisch. Also doch! Nachher käme er wohl in die Mission.

MISSIONSPROPAGANDA

Im Februar 1924 wurde die südliche Ordensprovinz vom Norden getrennt. Dies bedeutete: In Liefering wurden nicht mehr so viele Lehrer gebraucht. Dann würde er frei sein für die Mission.

Im März starb seine Schwester Gusti.

Im selben Monat halfen ihm seine Buben, Gesteinssammlungen von Bergrat Prinzinger zu übernehmen.

Im Juni starb Pater Michael Sambeth, den er schon aus dem Scholastikat gekannt hatte. Wie hatte sich Pater Sambeth über ihn lustig gemacht, dass er, Severin, für kriegstauglich befunden worden war. Hatte sich doch der Bauernsohn ihm körperlich um vieles überlegen gefühlt. Jetzt starb er vor ihm. Vor dem Tod hatte P. Sambeth ihm gestanden: für ihn habe Severin immer eine nicht fassbare Menschenart dargestellt. Erst jetzt begreife er ihn.

Im Juli 1925 reiste Pater Severin nach Rom. Seit 1900 Jahren war diese Stadt ununterbrochen Ziel vieler Heiliger gewesen. Hier hatten die ersten Christen gelitten und waren für Christus gestorben. Das heidnische Rom inspirierte Pater von Lama nicht. War es doch aus Blut und Greuel erbaut. Auch das Alter der Stadt beeindruckte ihn nicht. Was ihm Rom bedeutete, das war die aus den Gräbern und Reliquien sprechende Stimme der Wahrheit.

Wieder in Liefering, erfuhr er: er wurde als Lehrer nicht mehr gebraucht. Er schaute hinunter in den Hof, wo die Buben lärmten. 16 Jahre hatte er unterrichtet. Jetzt durfte er abtreten. Leicht fiel ihm der Abschied von seinen Buben gewiss nicht. Dann aber durchströmte ihn die Freude: also doch in die Mission. Endlich. «Ich war ganz sicher, all die Jahre des Wartens.» Der Superior verzog ein wenig das Gesicht.

«Sozusagen», meinte er, «Sie sind vorgesehen für die Missionspropaganda. Dafür braucht man auch Leute.

Sie eignen sich ganz besonders für diesen Beruf. Wir finden nur wenige, die so gut wie Sie mit allen auskommen.»

Los ging's im Herbst 1925, zuerst mit Aushilfen, dann mit Exerzitien und einer Propagandareise in den süddeutschen Raum. All sein Wissen, das Pater von Lama angesammelt hatte, brauchte er jetzt. In Füssen traf er seinen Bruder Fritz. In München besuchte er Polizeimeister A. Delemann, der von der Südsee gekommen war. Mit ihm konnte er viele wichtige Fragen besprechen. Mit Missionsbischof Gerhard Vesters, dem apostolischen Präfekten von Vunapope in Neupommern, unterhielt er sich über die Verwendung der Bodenschätze in der Mission. Ihm stellte er sich zur Verfügung; von der Provinz wurde er freigestellt. Endlich! Wo doch Schüler von ihm bereits in die Mission abgereist waren. Beim Anthropologenkongress in Salzburg richtete er das Südseemuseum ein. Nach einem Vortrag über die Ethnographie der Südseegebiete bestellte ein Herr die ganze erhältliche Bibliographie. Der Direktor der Wiener Urania erkundigte sich nicht bei den ehemaligen Missionären nach einem gewissen Schiffstypus, sondern bei Pater von Lama. Der konnte sofort damit dienen.

«Wann komme ich endlich in die Mission?» erkundigte er sich. «Vorläufig benötigen wir Sie noch hier als Exerzitienleiter», sagte ihm sein Vorgesetzter.

Nun gut, auf ein halbes Jahr früher oder später kam es nicht mehr an.

Seine ganze Aufmerksamkeit lenkte er auf Vorträge. Kurse, Exerzitien, Predigten. Zum Beispiel: Er gab jungen Burschen einen Kurs über das Thema: 'Wie fange ich eine gute christliche Bekanntschaft an.' In Würzburg gab er Verkäuferinnen Exerzitien. Bei der Beichte erklärte ihm eines der Mädchen: «Ich wollte bloss meine Freundin nicht beleidigen, und deshalb machte ich die Exerzitien mit. Aber ich glaube nicht das Geringste.»

Der Priester gab ihr den Rat, ihrem Gewissen zu folgen. Am Abend betete er: «Jesus, ich bin ein Priester deines Herzens. Gib ihr den Glauben.»

Minuten später klopfte das Mädchen an seine Tür.

«Stellen Sie sich vor, Pater, ich glaube. Ganz plötzlich. Ohne den geringsten Zweifel. Ich begreife es nicht.»

Auch Gegenteiliges erfuhr der Priester: Ein Geheimrat begrüsste ihn sehr höflich. Der Herr wurde reserviert, als Pater von Lama mit ihm über Religion sprechen wollte. «Ach, wissen Sie, so was ist gut für die Masse. Aber halten Sie doch mich nicht für so einfältig.» Der Priester empfand Mitleid mit dem Mann und Grauen.

Da war auch die Frau eines Rechtsanwaltes, die ihren Mann täglich mit ihrer Eifersucht quälte. Als der abgereist war, begrüsste sie Pater von Lama, frisiert und gekleidet wie eine Filmdiva. Sie lachte ihn aufreizend an. «Für wen haben Sie sich so schön gemacht, gnädige Frau?» fragte der Priester ernst. «Hätte nicht Ihr Herr Gemahl vielmehr Grund zur Eifersucht als Sie? Dringend rate ich Ihnen, einen Exerzitienkurs mitzumachen.» Sie drehte sich um und verliess wortlos den Raum, und noch am selben Tag reiste sie ab.

Was waren da die vier Tippelbrüder für sympathische Kerle, die er auf seiner geologischen Wanderung kennenlernte! Der Priester gab ihnen einen Exerzitien-Schnellkurs. Die vier Brüder bedankten sich herzlich. «Hochwürden, einen solchen Herrgott, wie Sie ihn vorstellen, den lassen wir uns gefallen. Und eine solche Religion dazu.»

Auch im nächsten Jahr rührte sich mit der Mission nichts. Im Herbst wurde der Priester nach Kissingen versetzt als Exerzitienleiter. Das Jahr 1927 bezeichnete er als sein bitterstes Jahr. Sein dortiger Superior, ein Mensch mit psychopathischen Anlagen, missverstand ihn völlig. Pater von Lama wich ihm sooft wie möglich aus, um jede Reibungsfläche zu vermeiden. Trotzdem beschwerte sich der Superior beim Provinzial wegen Pater von Lamas Predigten. Als der Provinzial seine Predigt inspizierte, war er sehr beeindruckt. Aber das Misstrauen, das der Provinzial seinem Untergebenen entgegengebracht hatte, schmerzte Severin sehr. Er, der die Menschen durchschaute, empfand mangelnde Menschenkenntnis als groben Fehler gegen die Nächstenliebe.

1928 fuhr er mit seinen Ministranten auf den Kreuzberg. Eine Sturmwolke zerriss und gab den Blick auf den Gipfel frei, auf dem drei Kreuze standen. «Sie sind ein Sinnbild meiner Gegenwart», schrieb er in sein Tagebuch, «eine Wolke verhüllt auch mir den Blick auf das Weitere.»

THERESE VON KONNERSREUTH

Dann fiel Licht in sein Leben. Sein Bruder Fritz war zum Berichterstatter über Konnersreuth gewählt worden. Dort lebte die stigmatisierte Therese Neumann, kurz Resl genannt. Zweimal war das einfache Bauernmädchen von schwerem Leiden auf wunderbare Weise geheilt worden. Knapp nach der Heilung empfing sie die Wundmale Christi, also am Herzen, an den Händen, an den Füssen, an ihrem Haupte. An jedem Freitag wiederholte sich an ihr in ihrer Leidensekstase das blutige Drama auf Golgatha. Die Wunden brachen auf. Die Stigmatisierte weinte blutige Tränen. Wie oft sie dies auch erlebt hatte, ihre Gefühle drückten sich bei jeder Ekstase so ungeschwächt aus, als wäre es das erste Mal. Wie viele Ärzte hatten sie schon beobachtet. Tausende von Besuchern aus aller Welt pilgerten jährlich zu ihr. Für und Wider wurde über sie geschrieben. Bis heute sind die Stimmen nicht verstummt. Aber keiner ihrer Gegner war imstande, ihre 35jährige Nahrungslosigkeit zu erklären. Therese Neumann lebte während dieser ganzen Zeit nur vom täglichen Empfang der heiligen Kommunion.

Auch Pater von Lama besuchte die Stigmatisierte. Seiner Meinung nach handelte es sich bei ihr um echte Mystik. Als er sie bei einer Leidensekstase sah, bereicherte und vertiefte dies sein eigenes Leben.

Hier lernte er Dr. Otto Seidl, Resls Arzt, kennen, und Dr. Fritz Gerlich, den Chefredakteur der Neusten Nachrichten in München, dann einen Arzt aus Recklinghausen und Pfarrer J. Naber, den Beichtvater der Resl. Prächtige Menschen waren sie, die endlich sein Gefühl der Einsamkeit verstummen liessen. Sie alle urteilten auf gleiche Weise: ergreifend bringe die Stigmatisierte in ihrer Ekstase das Leiden Christi zum Ausdruck.

In Kissingen hielt Pater von Lama Vorträge über Konnersreuth. Der dortige Stadtpfarrer erlaubte dies nur, weil er sich nach dem Vortrag eine Spende für seine Ortsarmen erhoffte. Dennoch war er auf Severin nicht gut zu sprechen. Zwar hatte der seinen Gläubigen Exerzitien gegeben, ihm ausgeholfen bei Predigten und Herrenabende gehalten, die der Pfarrer erfolglos geführt hatte. Mit all seinem Wissen hatte Pater von Lama für Christus geworben, und waren es selbst Vorträge wie über die Biologie des Getreidekörnchens. Trotz allem beschwerte sich der Pfarrer bitter beim Abschied, er, Pater von Lama, habe seine Rechte überschritten. Damals kriselte es bereits, und der Pfarrer träumte von der Auflöslichkeit der christlichen Ehe oder des Zölibats.

Pater von Lama hielt auch Vorträge für den christlichen Frauenverein. Dabei baute er Wendungen ein, die er von den Frauen gehört hatte: «Wenn i a Häusli hätt, wenn i a Mädli hätt . . .» Das schaffte sofort guten Kontakt. Dann gab er wieder einen Abend für die Akademiker. Da musste er anders sprechen. Immer musste er die Menschen sehen, für die er predigte, mit seinen Worten ihr Leben ertasten, ihre Schwierigkeiten spüren. Einen Vortrag über Farbtheorie begann er mit der Feststellung, wie bunt die Welt sei. Die anwesenden Herren trügen bunte Krawatten, ihre Gemahlinnen Kleider in Farbe.

In einem interkonfessionellen physikalischen Verein hielt er einen Vortrag über Naturwissenschaften und Religion. Der grosse Saal, in dem er diesen Vortrag hielt, war zum Bersten voll. Er schloss den Vortrag mit dem Hinweis, was eigentlich grosse Denker der Religion verdankten. «Der Entdecker der Radioelektrizität», sagte er, «hat jenen Tag als den schönsten seines Lebens bezeichnet, als er die Radiostation des Vatikans einrichten durfte.»

Nach diesem Vortrag debattierte ein freisinniger Intellektueller mit seinem Freund die halbe Nacht. «Man kann nichts dagegen sagen», rief der Intellektuelle aus, «der Mann hat recht. Gott sei Dank.»

In den umliegenden Gemeinden hielt Pater von Lama immer wieder Vorträge über Konnersreuth, über die Aktualität Jesu und seines Leidens für jeden einzelnen von uns. Mittelschülern erzählte er, wie sauber der Junge Johannes Berchmans, der später heilig gesprochen wurde, seine Mathematikhefte geführt hatte. Aus den Heften allein habe man auf den künftigen Heiligen schliessen können. Ein halbes Jahr später bedankte sich der Mathematikprofessor der Jungen. Sie alle führten jetzt so saubere Hefte, dass er, der Lehrer, bei einer Inspektion glänzend abgeschnitten habe.

Zu den kostbarsten Erinnerungen des Priesters gehörte: Er hielt einen Exerzitienkurs für Burschen. Die schleppten Martin, einen ihrer Kameraden, mit. Der irrte nämlich seit einiger Zeit ziellos umher. Pater von Lama predigte über die Ungerechtigkeit der Welt und sprach Martin so recht aus dem Herzen. Am nächsten Tag kniete Martin an der Kommunionbank, am darauf folgenden wieder. Einen Tag später holte er sich bei Pater von Lama das Sterbekreuz. Und noch am selben Tag geriet er unter die Räder eines Pferdewagens und starb. Auf das hin meldeten sich sämtliche Burschen des Ortes für den nächsten Kurs an.

Severin erfasste tiefer das Leben. Manchmal ahnte er,

was hinter seiner rätselhaften Einsamkeit stand. Sein Beichtvater bestätigte dies. «Mein lieber Mitbruder», sagte er, «Sie werden geachtet, oft genug bestaunt von Ihren Mitbrüdern, von uns allen jedoch mit einem gewissen Abstand. Sie haben bereits eine Grenze überschritten, was selten ein Mensch versucht.»

Prälat Friedrich Molz, Seelenführer einer Stigmatisierten, bat ihn, den Paulusschwestern in der Pfalz Exerzitien zu geben. Die Schwestern pflegten weibliche Geisteskranke. Deshalb sprach Severin zu ihnen über Gottes Freude. Er musste ihnen doch neu den Lebenssinn erschliessen in ihrer schweren Arbeit. Gott wolle uns teilnehmen lassen an seiner Herrlichkeit.

Voller Dankbarkeit nahm er im Jahre 1930 Abschied von Kissingen. Wieviel Leid, wieviel tiefes Glück hatte er hier erfahren.

VOLKSMISSION

In den darauf folgenden Jahren war Pater von Lama Aushilfs- und Exerzitienpriester. Auch predigte er bei Volksmissionen.

Er hielt die Maipredigten in der Kollegienkirche in Salzburg. Am ersten Abend redete er über die Maifeier der Natur und Übernatur. Jeden Abend war die Kirche besetzt. Seine Mitbrüder waren anwesend, als er das Dreifaltigkeitsgeheimnis behandelte. Nachdem er die Predigt angekündigt hatte: «Gibt es ein Wiedersehn?», war die Kirche so voll, dass kaum mehr ein Stehplatz zu finden war.

Am letzten Maitag fanden sich die Spitzen der Behörden ein. Abends sass Pater von Lama im Beichtstuhl, tagsüber sprachen sich die Leute bei ihm aus. Eine bekannte Stadtdirne erzählte ihm ihre bitteren Erfahrungen. Wenn er beispielsweise streng fastete, kamen abends immer eine Reihe von Leuten, die eine Lebensbeichte ablegen wollten.

In Wien hielt er die Volksmission in Floridsdorf, damals noch ein Arbeiterbezirk. Nach der Predigt sagte er: «So, jetzt schaut's mich einmal gut an. Sehe ich aus, als ob ich schon jemand gefressen hätte?» Die Leute verneinten. «Also», sagte der Priester, «dann kommt's auch zur Beichte.» Und sie kamen.

Der Direktor der Böhlerwerke hörte seine Predigten. Er lud ihn ein, auch seinen Arbeitern in Kapfenberg zu predigen. Das tat Pater von Lama, und mit vollem Erfolg.

Immer wieder sah er seine Mitbrüder aus der Südsee kommen und gehen. Auf sein Angebot für die Mission hatte er bis jetzt nicht einmal eine Antwort erhalten. Wussten seine Mitbrüder, wie sehr er sich nach der Mission sehnte? Eines Tages traf er einen Südseeveteranen, der mit ihm in Öventrop studiert hatte. Er war übers Meer gezogen und war nach wenigen Jahren schwindsüchtig zurückgekommen. Jetzt machte er sich im

Seite 65: Oben links: Michael de Lama, von und zu Büchsenhausen, des Heiligen Römischen Reiches Ritter, 60 Jahre alt, 1731. Oben rechts: Mathias Martin Mayr, Chef der Handlung Mathias Köglers Erben, 1774. Unten links: Maria Theresia von Lama, geborene Mayr, 1784. Unten rechts: Marianne de Lama, geboren in Hötting bei Innsbruck, 1673, gestorben in Hall/Tirol, 1738.
Seite 66: Oben: Die Eltern von Severin von Lama: Josefine von Lama, geborene Jörg und Karl von Lama, 1901. Unten: Die Eltern in späteren Jahren.
Seite 67: Severins Geschwister: Oben links: Maria, seine Lieblingsschwester. Oben rechts: Auguste. Unten links: Carl. Unten rechts: von links nach rechts: Severin, Friedrich und Camill.
Seite 68: Severins Nichten und Neffen: Oben: Lilly, Tochter seines Bruders Friedrich. Unten links: Franz, Sohn seines Bruders Friedrich. Unten rechts: Carl, Sohn seines Bruders Carl.

Beichtstuhl nützlich, bis ihn der Herr in absehbarer Zeit heimrufen würde in die Ewigkeit. Wahrscheinlich wäre es Pater Severin auch so ergangen. Es war gut, dass er den Rat des Arztes befolgt hatte.

Der kranke Mitbruder freute sich, mit Pater von Lama über alte Zeiten reden zu können. Es war, als wären sie immer beisammen gewesen. Dabei hatten sie früher im Scholastikat keine zehn Sätze miteinander gesprochen.

Dann erfuhr Pater von Lama: Pater Joseph Winkelmann, ein Missionär in China, war ermordet worden; er war ein prachtvoller Mensch gewesen.

Keine noch so schlechte Nachricht aus den Missionsgebieten weckte Pater von Lama aus seinem Südseetraum auf. Im Gegenteil: jetzt wollte er diesen seinen Traum endlich verwirklichen. Er hatte eine Abhandlung über die Eruptionsgesteine Neupommerns bekommen, die geologisch nicht ausgewertet waren, umso besser für ihn.

Zudem beriet er sich mit einem Fachmann über 150 australische Sprachen. Mit seiner Hilfe arbeitete der Priester eine natürliche Grammatik der modernen vergleichenden Sprachen aus. Damit wollte er seinen Mitbrüdern die sprachlichen Schwierigkeiten erleichtern. Das gab viel Arbeit. Einen Dank erhielt er nie, nicht einmal eine Antwort darauf. Auch dass er Berater fürs Bergfach war, dankte ihm keiner seiner Mitbrüder in der Südsee.

Für all die Jahre seiner Arbeit, für seinen Vorschlag, die Mission zu finanzieren aus einheimischen Bodenschätzen, gab es kein Echo.

«Wir alle tragen ein Kreuz», sagte sich der Priester, «das uns Christus auferlegt hat, kein selbstgesuchtes.» Pater Friedrich Gründl reiste wieder in die Mission ab. Ein guter Mensch, doch geistig schon senil. Auch er war einmal jung und begeistert gewesen für die Mission — und war hingekommen. Dann schickten sie Pater Gründl zurück.

Er hielte es hier nicht aus, hatte er erklärt, und man liess ihn wieder gehen. Diesmal kam er statt auf die Marschallinseln nach Neupommern.

Hätte Pater von Lama mit mehr Nachdruck sein Lebensziel schneller erreicht?

BEI STRAFENTLASSENEN

Da ihn die Mission immer noch nicht brauchte, wünschte er sich ein Arbeitsgebiet, in dem er wirken konnte. Da wurde er Seelsorger für Strafentlassene, die Regenschirme herstellten. Der Boden des Tagraums, ein ehemaliger Pferdestall, war im Winter mit einer Eisschicht bedeckt.

Die Strafentlassenen waren Psychopathen aller Altersstufen. Sie hatten genügend Predigten in ihrem Leben gehört, ohne Erfolg. Aber Menschenkenntnis besassen sie. So wollte ihnen der Priester ein Vorbild sein. Sie würden bald spüren, was ihm seine Religion wert war. Möglichst viel musste er mit ihnen beisammen sein, das würde ihnen helfen. Von Religion wollte er nur dann mit ihnen reden, wenn sie ihn danach fragten. Als Kapelle diente eine Scheune, durch deren Bretterfugen der Wind pfiff.

Als er an Weihnachten nach einem Versehgang zurückkam, war ein Teil seiner Leute betrunken. Sie lärmten fürchterlich. Nachdem er sie wieder beruhigt hatte, setzte er sich niedergeschlagen auf eine Holzbank des Tagraums. Frostgeschüttelt. Der Raumälteste tröstete ihn: «Heut ist es doch glänzend hergegangen.»

«Aber ihr wart doch alle betrunken.»

«Bloss besoffen. Haben Sie eine Ahnung, was Sie fertig gebracht haben? Wir saufen jetzt nur mehr hier, nicht mehr in Gasthäusern. Und keiner erschlägt mehr einen andern.»

SO EIN HERRLICHER TAG

Pater von Lama erkrankte wieder. Nach zwei Halsoperationen schickten ihn seine Oberen auf die Nordseeinsel Juist zur Erholung.

Er lag im Liegestuhl und blickte aufs Meer. «Was habe ich doch für Glück im Leben», unterhielt er sich mit seinem Nachbarn. «So ein herrlicher Tag.» Der andere schaute ihn nachdenklich an. «Sie sind der erste Mensch in meinem Leben, der so etwas sagt.»

«Ach», ergänzte der Priester, «von kurzen Augenblicken abgesehen, in denen ich mich meiner Sünden wegen gegen Gottes Güte schuldig wusste, habe ich mich immer in seiner Gnade gefühlt.»

Meer, gelber Sand, vor ihm die Dünen. Im Hinterland: Backsteinhäuser mit weissen Fugen und Gärtchen, in denen spärlich das Grün gedieh. Wie schön es war. Severin spürte, wie das Leben wieder durch seine Adern floss, wie er hoffte und strebte. Er blickte zum letztenmal aufs Meer. Er würde wohl nie mehr so weit nach Norden kommen. Sein südlichster Punkt in Europa war der Monte Cavo auf seiner Romreise gewesen. Zwei Punkte hat jeder Mensch, zwischen denen er für seine Seligkeit wirken muss.

Severin fuhr nach Öventrop. Dort traf er Patres, die er kannte. Er fühlte sich umsorgt, verstanden und zu Hause. Auch ihnen hielt er Vorträge über Konnersreuth. Dann ging es weiter nach Nordenbeck. Pater von Lamas Hausherr, ein Gutsbesitzer, jammerte über die lang anhaltende Trockenheit. Die ganze Ernte gehe kaputt.

«Beten wir um Regen», schlug Pater von Lama vor.

Der Hausherr musterte ihn stirnrunzelnd.

«Wieviel Regen brauchen Sie?»

«Mindestens 120 Millimeter.»

Pater von Lama versprach, darum zu beten, und lud die beiden Kinder des Hausherrn ein, mitzutun.

Am Morgen plätscherte leise der Regen. Es regnete durch Tage, bis 120 Millimeter erreicht waren.

«Sie denken vielleicht an Zufall», sagte Pater von Lama zum Gutsherrn. «Damit Sie in Ihrem Glauben gestärkt werden, will ich darum beten, dass das schöne Wetter solange aushält, bis Sie den letzten Erntewagen in der Scheune haben.»

Und so geschah es.

POLITISCHE UNWETTER

1934 zur Aushilfe in Weildorf: Eiskristalle glitzerten an den Fensterscheiben. Wie eine Girlande in Kobaltblau und Rosa reihten sich die schneebedeckten Salzburger Berge. Doch drohend zog das Unwetter des Nationalsozialismus herauf. Der Priester bemitleidete die prächtigen Burschen, die heute morgen an der Kommunionbank gekniet waren. Auch ihnen würde der 'Führer' den Studenten Horst Wessel als Helden vorsetzen, der das nationalsozialistische Kampflied verfasst hatte. Wessel war in einer persönlichen Auseinandersetzung im Dirnenviertel Berlins von den Kommunisten erschossen worden, die dort ihre Zuhälter hatten. Dies hatte die Partei zum Anlass genommen, ihn zum Helden zu erheben. Als Pater Lama in Anthering zu einem Begräbnis kam, wurde ein Kranz aufs Grab gelegt mit den nationalsozialistischen Farben. Partei über den Tod hinaus!

Hitler hatte keine Worte des Tadels gefunden, als seine SA einige Tage nach der Machtergreifung im Münchner Kolpinghaus Altäre und Kreuze zertrümmert hatten und jetzt die katholische Presse zugrunde richteten.

Der einstige Schullehrer Schemm verkündete in Halle: «Die Konfessionen sind eine formale Einrichtung, eine paragraphenhafte Angelegenheit, denen der Nationalsozialismus zuruft: 'Entweder macht ihr eure Tore auf für die Begriffe Rasse und Volk, oder ihr geht unter'.»

Pater von Lama ging vertraute Wege, die er vor seinem Noviziat mit seinem Papa gegangen war.

Wie grau sie geworden war, seine Heimat.

Noch grauer war die Zukunft. Und doch lebte der ewige Gott.

Wieder in Liefering, wurde der Priester zu einer Klerustagung nach Bischofshofen eingeladen. Dort wurde ihm seine Ernennung zum Exerzitienberater mitgeteilt. «Eine Postkarte mit dieser Nachricht hätte es auch getan», dachte Pater von Lama. Nachher fragte der Weihbischof, ob jemand etwas zu sagen habe. Pater von Lama meldete sich:

«Wir, Nachfolger der Apostel, wollen nach Christi Worten das Evangelium predigen. Also auf gut Deutsch, die Frohe Botschaft bringen. Davon habe ich verteufelt wenig gehört. Predigen Sie, dass wirklich unser Vater im Himmel lebt. Uns will er teilnehmen lassen an seiner Herrlichkeit. Denn dazu hat er seinen Sohn in diese Welt gesandt. Mit seiner Hilfe können wir dem Vater Freude machen, jeder an seinem Platz nach bestem Wissen und Können. Wenn wir alle dies versuchen, dann war meine Fahrt hierher nicht umsonst.»

Der Tag seines Silbernen Priesterjubiläums näherte sich. Der jetzige Superior, eine Feldwebelnatur, schickte Severin ausgerechnet zu dieser Zeit zur Aushilfe.

So begab sich Pater von Lama nach Radegund, um den dortigen Pfarrer für mehrere Wochen zu vertreten. Im Ort war jeder mit jedem verwandt. Dementsprechend sahen die Sprösslinge aus; mit ihnen hatte sich der Pfarrer seine Nerven ruiniert.

Pater von Lama verbrachte in Radegund eine stille Zeit, wehmütig gestimmt in seiner geistigen Einsamkeit. Vor 25 Jahren hatte er Primiz gefeiert. Ausser zwei Briefen traf keine Post ein.

Still kehrte er in sein Ordenshaus zurück, wo ihn zuerst kein Mensch zu bemerken schien. Der Superior überreichte Pater von Lama nach dem Mittagessen eine Flasche Wein. Die Mitbrüder gratulierten ihm, der Provinzial dankte bei Tisch für seine Tätigkeit. Dies geschah jedoch unpersönlich, sodass sich Pater von Lama wie verloren vorkam. Er, ein Mensch echter Nächstenliebe, sehnte sich nach menschlichem Verstehen. Immer besser verstand er Christi Einsamkeit. Am Abend erfuhr Severin: die Schüler hatten die 'Kronjuwelen von Mizar', sein Stück, aufgeführt. Ihn hatte man nicht eingeladen.

Wie anders verhielt sich der Arbeiterverein. Ihm zu Ehren spielten die jungen Arbeiter sein Theaterstück. Sein ältester Schüler hielt eine Festpredigt.

Pater von Lamas Superior war ein trockener Mensch, ungeeignet für Festlichkeiten. Trotzdem übersah er den Menschen nicht. Daher erlaubte er Severin, nach Altötting zu fahren, um dort mit seinen Familienangehörigen zu feiern.

Camill traf am selben Tag wie Severin ein. Sie plauderten bis in die sinkende Nacht. Am nächsten Tag kamen Fritz und Karl mit ihren Familien. Es war ein Tag wie so selten.

Wieder im Kloster, erfuhr Severin, dass P. Heinrich Schroer gestorben war. Er war der einzige Mitbruder gewesen, der um Severins tiefste Freuden und Leiden gewusst hatte. Sein religiöser Idealismus sonderte Severin von den Mitbrüdern ab. In Gott allein fand er überreiches Verstehen. Dann wieder umgab ihn Eiseskälte. Gott war in unerreichbare Fernen gerückt. In solchen Zeiten betete Severin wie Christus am Kreuz. «Mein Gott, warum hast du mich verlassen?»

Er hatte einen Artikel über die Mystik Österreichs geschrieben und damit Aufsehen erregt. Dies ermunterte ihn, weiter daran zu arbeiten. Er las die Werke der Gebrüder Pez und solche über das Mönchstum des Abendlandes. Er durchsuchte die Bücherei der Kapuziner und durchstöberte Archive. Im Kloster Nonnberg in Salzburg

fand er unveröffentlichte Briefe einer bayrischen Mystikerin.

Zu Pfingsten fuhr er vom Lieferinger Kloster nach Weildorf. Dort predigte er: Die Kirche Christi müsse darauf
gefasst sein, vom Geist des Antichrists verfolgt zu werden.

Ob Hitler nicht einmal Deutschland in tiefster Erniedri-
gung zurücklassen würde, überlegte der Priester — aber
er sprach diesen Gedanken nicht aus.

In seiner Abwesenheit waren im Lieferinger Kloster 500
Fensterscheiben durch Böller der Nationalsozialisten zertrümmert worden. Die Böllerwerfer wurden ausfindig gemacht. Unter ihnen befand sich ein Mann aus der Nach-
barschaft.

Pater von Lama fürchtete um die politische Zukunft.
Man würde versuchen, den Konflikt, den der Nationalsozialismus heraufbeschwor, diplomatisch auszugleichen.
Eines Tages würde man sehen, dass dies auf die Dauer
nicht ginge. Mit seiner Meinung stand Pater von Lama
allein da unter seinen Mitbrüdern. Hatten sie nicht die
Rede Papens gehört? Papen, ein westfälischer Edel-
mann, war früher Gesandter in Österreich gewesen. Von
seinem Geltungstrieb beherrscht, hatte Papen zuerst den
Bauernverein, dann die Zentrumspartei, danach die
Gesandtschaftsstelle im Vatikan als Sprungbrett zu seiner Karriere benützt. Jetzt arbeitete er als Gesandter für
Hitler. Ein feiner Mann!

STURZ AUS DEM TRAUM

In tiefste Einsamkeit stürzte Pater von Lama Ende Mai
1934. Zwei holländische Missionare trafen aus der Südsee ein. Leider fehlt hier eine klare Aussage über den Tat-
bestand im Tagesbuch.

Pater von Lama hoffte, die Missionare würden ihm die

Nachricht überbringen: Jetzt endlich brauche man ihn in der Mission. Hingegen erfuhr er: Die Mission bedürfe seiner nicht mehr. Die Missionare sagten, sie seien froh wegen des Monsignore, der doch, wie Pater von Lama wisse, Australier sei. Man kann annehmen: Die Missionare, die ihre Bodenschätze aus Australien einführten, fürchteten, bei Selbstversorgung das patriotische Empfinden des Monsignore zu verletzen.

Vielleicht auch hatten die Missionare Pater von Lama, einen Autodidakten im Bergfach, nicht ernst genommen. Einer der Mitbrüder fügte hinzu: «Ich habe viel gebetet, dass Ihr Projekt nicht verwirklicht wird. Und es ist abgelehnt worden. So hat Gott mein Gebet erhört.»

Welch eine Torheit zu glauben, Gott habe bei dieser Dummheit mitgemacht, dachte Pater von Lama. Die Mission, ohnehin finanziell schlecht bestellt, würde also weiterhin Bodenschätze aus einem ihr fremden Land einführen. Unfassbar für Pater von Lama. Welche Kriecherei vor dem Monsignore. Und Pater von Lamas Lebenstraum war ausgeträumt für immer. Ohne dieses ersehnte Ziel wäre er nicht Priester geworden. Sein ganzes Leben und seine Arbeit hätten eine andere Richtung genommen. Eine dunkle Wolke lastete auf ihm.

«Fast glaube ich», schrieb er in sein Tagebuch, «die Vorsehung hat mit dieser Lockspeise die Maus in der Falle gefangen, und nachdem der heilige Gehorsam heruntergeklappt war, wurde die Lockspeise wieder entfernt.»

Welch ein Aufruhr tobte in ihm.

Zwei Tage später vermerkte er: «Gottes Wille geschehe in allen Dingen!»

Noch am selben Tag sagte der Superior: «Wie wär's in Ihrem Jubiläumsjahr mit einer Reise nach Konnersreuth? Sie wollen doch?» Stumm nickte der Priester. Wusste der Superior, was in ihm vorgegangen war? Hatte er doch mehr Herz, als Severin immer geglaubt hatte?

DER EXORZIST

DUNKLE MÄCHTE

Severin kündigte Pfarrer Landsdorfer, einem Exorzisten, der in der Nähe von Konnersreuth wohnte, seinen Besuch an. Da Pater von Lama sich jetzt noch intensiver mit Mystik befasste, wollte er auch die Dämonie, die Nachäffung mystischer Gnaden, kennenlernen.

Am 24. Juli 1934 traf er in Konnersreuth ein. Am 25. Juli, dem Tage des Mordes am Österreichischen Bundeskanzler Dollfuss, wartete Pater von Lama vor Therese Neumanns Haus. Andere Besucher erzählten: Resl gäbe wegen Schwierigkeiten mit den Behörden nur in äusserst dringenden Fällen eine Privataudienz. Auch Pater von Lama würde kaum mit ihr persönlich reden können. Wie Gott wollte!

Hier in Konnersreuth hatte sich Severin wieder beruhigt. Gott allein genügte! Hatte er, Severin, nicht eigensinnig sein vermeintliches Lebensziel, die Südseemission, angestrebt? Wusste er denn, was Gott von ihm wollte? Gewiss etwas anderes, als er bisher gedacht hatte, daran zweifelte Severin nicht. Mit all seinem Empfinden, nicht bloss mit dem Verstand und dem Willen, wollte er sich von seinem Lebenswunsch trennen. Er atmete tief und fühlte sich befreit. Für wie lange? Doch daran brauchte er jetzt nicht zu denken. Die Wende seines Lebens deutete sich durch einen aufgeregten jungen Mann an, der aus Resls Haus stürzte und unbedingt mit einem Priester sprechen wollte. Seiner Kleidung nach musste der junge Herr Theologe sein, der deutschen Aussprache nach Ausländer. Er erblickte Pater von Lama, ging geradewegs auf ihn zu und zog ihn mit sich weiter.

«Kaum war ich in Resls Zimmer, hat sie gesagt: 'Du bist der Johann Müller aus Schinnen, Heisterbrug 14'», berichtete er. «Wie gibt es das? In Konnersreuth kennt mich kein Mensch. Ich habe mich mit einem falschen Namen eingetragen.» Bevor Pater von Lama antworten konnte, fuhr der Mann fort: «Sie hat mir zum Abschied auch einen Satz gesagt, den ich in den letzten zwei Nächten im Traum gehört habe: 'Es ist Zeit für dich.' Sagen Sie mir: Was besagt dieser Satz?»

«Vielleicht Zeit der Gnade, der Umkehr, oder Zeit, sich vorzubereiten auf den Tod», antwortete der Priester.

Stunden nach der Leidensekstase der Resl ging der junge Mann, der sich als Theologe vorstellte, schluchzend auf den Priester zu. Er sagte, er müsse sein Leben in Ordnung bringen und beichten. Pater von Lama hörte ihn an, ermahnte ihn jedoch, später bei einem dazu bevollmächtigten Priester die Absolution nachzuholen. Er habe für diese Diözese keine Jurisdiktion. Die Jurisdiktion ist die Berechtigung, Beichte zu hören. Auch heute noch gibt sie der Bischof den Priestern für seine Diözese.

Am Nachmittag, als Pater von Lama sich von seinem Schützling verabschieden wollte, litt Müller an einem entsetzlichen Herzkrampf. Der Priester erteilte ihm in diesem äusserst dringenden Fall die Lossprechung. Der Kranke fühlte sich erleichtert. Aber gleich flackerten seine Augen wieder vor Angst. Eine Frau — er habe sie vor Tagen kennengelernt — sei ihm nach Konnersreuth gefolgt; ihretwegen, so fürchte er, könne er nicht in seiner neu erworbenen Unschuld verharren.

Severin schlug ihm vor, doch gemeinsam mit ihm abzureisen. Sie mieteten in einem benachbarten Ort in einem Hotel zwei Zimmer und sagten einander gute Nacht. Kaum hatte Pater Severin von Lama sein Nachtgebet gesprochen, pochte der Theologe an seine Tür. Er könne nicht schlafen; mit Gewalt ziehe es ihn nach Konnersreuth zu der Frau, die ihm gefolgt war, zurück. «Was wissen Sie von der Sünde? Wie sehr sie lockt!»

«Die Liebe Gottes», betonte der Pater, «ist über alles Irdische erhaben.» Kurz darauf sass Pater von Lama neben Müller, der, gegen die Wand gelehnt, zu schlafen versuchte. «Meine Seele gehört Gott», flüsterte er noch, dann schlief er ein. Der Priester erhob sich. Kaum war er bei der Tür, als sich Müller umdrehte. Er war völlig verändert. Sein sonst bleiches Gesicht sah plötzlich vollblütig, kräftig, brutal aus. Die Augen blickten nicht mehr sanft oder gespannt in Angst, sondern wütend, blutunterlaufen. Eine fremde, gewaltige Stimme sprach aus ihm: «Die Seele habt ihr uns heute entrissen. Jawohl, du! Aber der Leib gehört uns. Den können wir töten und mit ihm den ganzen Mann. Ha, wir kriegen ihn doch!» Die Stimme wurde schneidend scharf: «Weisst du, wer ich bin? Ich bin der, dem du heute den Mann entrissen hast. Aber ich habe die Macht. Ich kann dich zerreissen, du Mensch, du Atom. Mach, dass du fortkommst!»

Nicht einen Sterbenden, das erkannte Pater von Lama, nicht einen Irrsinnigen hatte er vor sich, sondern einen Besessenen.

«Spürst du nichts?» fragte der Dämon.

Schon wollte der Priester verneinen. Plötzlich fühlte er, wie eine Riesenfaust sein Herz zusammenpresste. Dann durchrieselte es ihn wie elektrischer Strom. Ganz ruhig lag der Besessene vor ihm.

«Erinnerst du dich des kleinen Fritz Hensel aus Wien?» fragte der Besessene. Der habe beim Bruch seiner Schädeldecke einen guten Teil seines Fegefeuers abgebüsst. Der Dämon charakterisierte den Verunglückten mit aller Genauigkeit. Woher hatte er dieses Wissen? Der Dämon redete jetzt über Lebende und Verstorbene und erwähnte Pater von Lamas Schwächen; dann sprach er über Theologie.

Ein Riese schien es, der redete. Wie konnte man sich gegen ihn wehren? «Gott verzeih mir meine Armseligkeit», betete still der Priester, aber er taumelte. Dann spürte er, wie eine Kraft ihn durchströmte. Mit einem Aufschrei wollte sich der Besessene auf ihn stürzen. «Zurück! In Jesu Namen!» befahl der Priester. «Er steht hinter dir, der Grosse», sagte der Besessene, «sonst würde ich dich zerreissen. Aber du sollst keine ruhige Nacht mehr haben in deinem Leben.»

Der Unglückliche wünschte zu trinken. Pater von Lama füllte Wasser in ein Glas und machte das Zeichen des Kreuzes darüber. Der Besessene stürzte den Inhalt hinunter. Wie abscheulich es schmecke, bemerkte er. Wohin immer der Priester, unbemerkt vom Besessenen, nur einen Tropfen verspritzte, fuhr dieser wütend drauf los. So als müsste er Feuer löschen. Dann ging er daran, ein Leintuch zu zerreissen. Der Segen des Priesters verhinderte dies. «Geh in dein Zimmer!» brüllte der Besessene. «Lass mich in Frieden!» Und er redete davon, dass er wieder nach Konnersreuth zurück müsse.

Der Kampf mit dem unsichtbaren und doch sichtbaren Gegner zehrte die Kraft des Priesters auf. Aber Christus am Ölberg fiel ihm ein. Der hatte die ganze Nacht gewacht. Mit Christi Müdigkeit wollte der Priester die seine vereinen und wachbleiben.

«Niemals werde ich dem Teufel einen Wunsch erfüllen», sagte er. Die Augen des Besessenen traten blutunterlaufen aus den Höhlen. Mit beiden Händen umklammerte Müller seinen eigenen Hals, das Gesicht lief blaurot an. Severin wollte ihm die Hände wegreissen, aber gegen diese Riesenkräfte richtete er nichts aus. Doch im Namen Jesu sanken die Hände kraftlos herab. Jetzt biss sich der Besessene mit aller Kraft in die Zunge. Das Zeichen des Kreuzes setzte auch dem ein Ende. Der Mann beruhigte sich plötzlich. Er ergriff die Hände des Priesters und küsste sie. Wie aus einem tiefen Schlaf erwachte er wieder zum Bewusstsein. «Sie sind noch hier?» fragte er verwundert. Bald verschleierten sich seine Augen wieder. Dann schloss er sie. «Der Mann schläft, aber wir wachen», sagte der Dämon. Auch der Priester wachte.

Der Besessene tobte. Der Name Jesu genügte nicht mehr, sprach ihn doch der ermüdete Priester nicht mehr ergriffen genug aus. Aber er sagte jetzt: «Im Namen der Unbefleckten Empfängnis.» Über sie habe er keine Macht, gestand der Dämon. «Sie steht dir bei, auch einer deiner Vorfahren hilft dir, der selige Franz von Poseides.» Er schmeichelte: «Du hast oft den Rosenkranz gebetet, darum vermagst du soviel. Welch ein Priester du bist. Um wieviel besser als andere.» Pater von Lama verbat sich das Lob.

Die Stimme des Dämons wurde noch eine Spur weicher: «Wie demütig du bist.» Und mit Schmelz in der Stimme: Demut sei das einzige, das die gefallenen Engel nicht hätten und nie haben wollen. «Wir lieben Gott und hassen ihn.»

«Wie ist das möglich?»

Das Gesicht des Besessenen verzerrte sich zu einem fratzenhaften Grinsen. «Erinnerst du dich jenes Majors, von dem du in der Zeitung gelesen hast? Er hat seinem Mädchen den Hals durchgeschnitten, weil sie mit einem anderen getanzt hatte. Nur aus Liebe, aus schrecklicher Liebe.» Nachdem er dem Priester seine Fehler vorgehalten hatte, fragte er: «Wie wagst du es überhaupt, die Messe zu lesen? Bedenk doch, was es heisst: Ich trete hin zum Altare Gottes.»

Ergriffen hörte der Priester zu. Er zwang den Dämon, ihm ein Mittel zu grösserer Demut zu offenbaren. «Das ist leicht», flüsterte der Dämon: «Sag bei der Wandlung: 'Du hast dich aus Demut so klein gemacht, dass ich dir gleich werde'.» Das 'Gleich' kam zögernd heraus, und dies Wort liess den Priester angespannt aufhorchen. «Ihr werdet sein wie Gott», hatte schon die Schlange im Paradiese zu den ersten Menschen gesagt. Wieder beruhigte sich der Besessene und erwachte. Er ass Pfefferminzpastillen, um seinen Hunger zu stillen. Dann schlief er ein. Er erwachte zu einer neuen Persönlichkeit; das Gesicht gelblich gefärbt, ein Auge zugekniffen, schien er das Gesicht eines Gelehrten zu haben. Er redete in einem eleganten Französisch aus früherer Zeit. Er spottete und wütete über den Priester und sein Rosenkranzgebet.

«Ich könnte dich zerreissen.» Er lachte höhnisch. «Der Mann, für den du betest, hat höchstens noch zwei Jahre zu leben. Aber wir lassen ihm nicht mehr Zeit als ein halbes Jahr.»

«Das könnt ihr nicht ohne Gottes Zulassung.»

Der Besessene streckte die Zunge heraus.

«Du wirst noch lange leben und uns noch viele Seelen entreissen», sagte der Dämon. Dann schmeichelte er: «Sprich nicht über die Hölle. Gottes Barmherzigkeit allein genügt.» Aber der Priester wusste, er hatte den Vater der Lüge vor sich.

Nach einer abermaligen Ruhepause verlöschte das elektrische Licht von selbst. In einem unheimlichen, phosphoreszierendem Schein sah der Priester ein wundervolles Männerantlitz, von schwarzen Haaren wie von Schlangen umzingelt, die Haut bronzefarben und glatt, die Augen mandelförmig. Plötzlich starrten die Augen mit grossen Pupillen den Priester an; wilder Hass flackerte aus ihnen.

«Ich bin Luzifer», sagte der Dämon. Der Besessene sprang auf, streckte die Hände aus, um den Hals des Priesters zu umschlingen. Erschrocken wich Pater von Lama zurück bis zur Wand. Der Besessene zielte mit den Zeigefingern auf die Augen des Priesters. «Maria, du Unbefleckte», betete der Priester, «du kannst mich nicht im Stich lassen.» Das elektrische Licht flammte von selbst wieder auf. In ohnmächtigem Zorn sank der Angreifer zurück. «Das sollst du mir büssen», sagte er, «dafür wirst du eine furchtbare Sterbestunde haben.»

Wütend riss er das Skapulier und den Rosenkranz des Priesters in Stücke. Auf den Befehl Pater von Lamas, beides wieder ganz zu machen, sagte der Dämon: «Das kann und will ich nicht.»

«Also nur zerstören kannst du und auch das nur, weil Gott es zulässt. So schwach ist der grosse Luzifer, so stark ein kleiner Mensch, dem Gott hilft.»

Der Dämon brüllte wie ein Tier. Im Namen Jesu verbat sich das der Priester. Er fragte jetzt nach Lebenden und Verstorbenen und wer für ihn, Severin, bete. Luzifer erklärte mit grossartigen Worten den Titel: 'Unsere Liebe Frau vom Heiligsten Herzen', den die Genossenschaft der Herz-Jesu-Missionare Maria gegeben hatte. Es klang wie eine Huldigung aus Teufelsmund, aber das Gesicht war hassverzerrt.

Endlich war wieder Ruhe. Keiner der Dämonen meldete sich mehr. Es war sechs Uhr morgens. Pater von Lama ging in die Kirche und las die Messe für den Besessenen. Hernach löste er zwei Fahrkarten nach Eggmühl, wo er den Exorzisten, Pfarrer Landsdorfer, treffen wollte, segnete die Karten und ging zurück ins Hotel. Heimgekehrt, weckte er den Mann, und sie frühstückten gemeinsam. Im Namen Mariae, auch wenn ihn der Priester noch so leise aussprach, zerbrach der Widerstand des Besessenen gegen die Fahrt. Und im Namen Mariae bezwang der Priester den Versuch seines Schützlings, sich unter die Räder des abfahrenden Zuges zu werfen.

Pater von Lama beschrieb Pfarrer Landsdorfer kurz den Fall. Freundlich, aber bestimmt, führte der Pfarrer den Besessenen an der Hand. Im Ort empfand der Besessene das Kreuz der Dorfkirche als Lichtzeichen, und er scheute davor zurück. Doch der Pfarrer bestand auf einem Kirchenbesuch: dadurch könne er sich, sagte er zu Pater von Lama, am besten überzeugen, ob tatsächlich Besessenheit vorliege. Mit aller Kraft klammerte sich Müller an ein Grabgitter des Friedhofs, der die Kirche umgab; doch musste er der zwingenden Macht des priesterlichen Segens gehorchen und betrat mit den beiden Priestern die Kirche.

Während Pfarrer Landsdorfer und Pater von Lama vor

dem Altar beteten, gähnte der Besessene, fluchte und versuchte zu fliehen. Der Pfarrer legte sich die Stola um. Und mit der Medaille der Muttergottes machte er ein Kreuzzeichen auf die Kirchentür. Der Besessene war nicht mehr fähig, sie zu öffnen; statt dessen lief er die Orgeltreppe hinauf, und als ihn Pfarrer Landsdorfer eingeholt hatte, warf sich Müller mit vollem Gewicht über den Pfarrer. Die beiden Männer kollerten die Treppe hinunter. Wie ein Tier sprang Müller den Pfarrer an, um ihm die Stola zu entreissen. Im Namen Jesu angerufen, sank der Besessene erschöpft zurück. Die beiden Priester wollten ihn zum Altare führen. Doch Müller flüchtete in grossem Bogen, als sie am Beichtstuhl vorbeikamen. In einer Mauernische bückte er sich jäh und kroch in schlängelnden Bewegungen wie eine Natter unter den Kirchenbänken nach vorne. Ein Kreuzzeichen mit der Medaille verlangsamte ihn. Für einen Augenblick hielt er inne, dann schlüpfte er zu den Kirchenbänken empor und hüpfte auf Zehenspitzen wie ein Vogel mit grösster Sicherheit von einer kaum handbreiten Armstütze zur nächsten, alle Bankreihen zurück. Als er die Statue der Schmerzhaften Mutter hinter sich spürte, sprang er zu der etwa sieben Meter höher gelegenen zweiten Orgelbühne empor. Dann fiel er herunter und lag ohne sichtbare Verletzungen zwischen den Kirchenbänken. Die bei-

den Priester legten ihm die Stola über die Schultern und brachten ihn zum Hochaltar.

Der Besessene wehrte sich, auf dem Boden liegend; der Pfarrer setzte leicht seinen Fuss — als Symbol dafür, dass Maria den Kopf des Drachens getötet hatte — auf den Körper des Besessenen, und mit mächtiger Stimme fragte Pfarrer Landsdorfer: «Wieviele seid ihr? Nennt mir eure Namen!»

Widerwillig meldeten sich die Dämonen. Es waren vier: Garizim, Oron-il, das heisst «Flamme Gottes»; dann nannte er den Namen eines französischen Aufklärers, und als letzten Luzifer selbst. Luzifer stiess mit der Faust gegen Pater von Lamas Brust, dass es dröhnte. Merkwürdigerweise empfand dies der Priester wie einen Stoss mit einer papierenen Faust. Als ihn der Besessene anspringen wollte, hielt ihn Pater von Lama zurück und merkte, dass Müller plötzlich ein unnatürlich leichtes Gewicht hatte. Auf den beschwörenden Befehl des Pfarrers meldete sich noch, die Zunge blau zwischen die Zähne geklemmt, Judas. Der Pfarrer betete. Augenblicklich stürzte der Besessene, der gestanden war, zu Boden.

Er erwachte und betete auf eigenen Wunsch das Miserere. Die drei Männer hatten noch ein gutes Stück bis zum Pfarrhof zu gehen. Als sie ihn betraten, gähnte der Besessene wieder, redete verwirrt und spottete über die Heiligenbilder an den Wänden des Pfarrhauses. Er sprang beide Priester an und wollte aus den hochgelegenen Fenstern ins Freie flüchten. Stundenlang lösten Erschöpfung und Angriffe einander ab. Besprengten die beiden Priester den Besessenen mit Weihwasser, so empfand er das wie Feuer.

Um Pater von Lama die Besessenheit noch wirksamer vor Augen zu führen, hatte Pfarrer Landsdorfer ein besessenes Mädchen in den Pfarrhof bestellt. Unruhig umkreiste das Mädchen die drei Männer; die beiden Besessenen verbündeten sich schnell, brüllten, stiessen mit den

Füssen nach Pater von Lama und nannten ihn einen schwarzen Rabbiner und einen Exerzitienfresser. Auf Pater von Lamas Rat, beide Besessene zu trennen, entliess der Pfarrer das Mädchen.

Ruhig assen die drei Männer zu Abend, spazierten durch den Garten und besuchten die Kirche, um dort ihr Abendgebet zu verrichten. In ruhigen Augenblicken betete der Besessene rührend um Hilfe. Später, bei der erleuchteten Lourdesgrotte, überquerte er in nicht ganz drei Sekunden ein 100 bis 200 Meter langes Feld und verschwand in der Dunkelheit. Auf das Gebet der beiden Priester kehrte er brüllend zurück, eine grosse Beule am blutenden Schädel. Er habe einen Schlag auf den Kopf bekommen und leide an starken Schmerzen. Nach einem Gebet des Pfarrers gingen Beule und Schmerzen zurück. Nach einer ruhig verbrachten Nacht wiederholten sich am nächsten Tag die Anfälle. Der Pfarrer benachrichtigte seinen Superior. Als dieser kam, folgte der nächste Anfall. Stundenlang bemühten sich die drei Priester um den Besessenen, der tobte, schimpfte, spottete, angriff, sich vor Schmerzen krümmte, rührend um Hilfe flehte und wieder ruhig wurde. Danach wollte er sich an einer Vorhangschnur erhängen, griff die Priester bei der Mahlzeit mit einer Essgabel an und spottete wieder. Daraufhin begann der Pfarrer seinerseits, den Teufel zu verspotten. Er sagte: «Erlauchter Schweinebauch von Gerasa», worauf der Besessene kleinlaut war und vorübergehend taub, stumm und blind wurde.

Ohne Wissen des Vorhergehenden hätte man auf schwere Hysterie schliessen können. Doch die Reaktion auf das Sakrale, das genaue Wissen um den Seelenzustand der Umstehenden, die Kenntnis des Vergangenen, waren mit Begriffen wie etwa Hysterie oder auch Schizophrenie sowie einer anderen Geisteskrankheit nicht erschöpfend erklärt. Die Priester erfuhren, dass die Besessenheit bereits acht Jahre gedauert habe. Erst jetzt, nach dem Besuch in

Konnersreuth, da sich die Seele wieder Gott zugewendet habe, wurde die Besessenheit offenkundig.

Noch bevor Pater von Lama abreiste, sah er, wie eine Mücke aus dem Munde des Besessenen flog. Auch hörte er von diesem: Im Herbst bei den Exerzitien ginge es um Leben oder Tod — für wen, verriet er nicht.

Als Pater von Lama längst wieder im Kloster war, erfuhr er: Müller hatte bei den Trappisten studiert, war dann Gärtner geworden, hatte später wieder studiert, und zwar bei den Missionaren in Afros, und war zuletzt bei den Salesianern in Doornik gewesen.

Müller war für zwei Wochen nach Konnersreuth zurückgekehrt und hatte dort erneut seine Anfälle gehabt. Ein amerikanischer Prälat, Msgr. Dr. Giglinger aus Davonsport, USA, hatte sich um den Besessenen bemüht. Dieser hatte bei Weiss, Arzbergerstrasse 30, übernachtet. Zur grössten Verwunderung der Anwesenden war Müller wütend auf Flocki, den Hund seiner Hauswirtin, losgefahren. Das Hausmädchen habe später gestanden, sie habe den Hund vor dem Besessenen schützen wollen und ihn deshalb mit Weihwasser eingerieben.

Erst nach Monaten erfuhr Pater von Lama, dass der Exorzismus gewirkt habe. Müller war endlich von seiner Besessenheit befreit worden.

Severins Heimfahrt von Konnersreuth nach Innsbruck war an einem Tag verschwenderischen Lichts. Es tanzte auf den Blättern der Bäume, durchsonnte den Rasen und verwandelte Getreidefelder in wogendes Gold.

Pater von Lama schaute verwundert aus dem Zugfenster: Das alles berührte ihn nicht. Nur sein Verstand stellte die Farben fest. Kein Lied, kein Gedicht sang mit. Nur das Erlebte zwang ihn, diktierte sein Denken. Dem Priester fiel ein, was ihm der Dämon zum Abschluss angedroht hatte: Im Herbst schon würde er die Macht des Dämons zu spüren bekommen auf Leben und Tod. Würde er, Severin, sterben? Wie Gott es wollte, wenn er nur seinen

Willen erfüllte! Vielleicht konnte er durch seinen Tod andere Personen zurückhalten, sich betören zu lassen vom phosphoreszierenden Glanz des Bösen. Voll Trauer dachte der Priester an die Sünden der Menschen: Süchtige liessen sich versklaven von den Genüssen dieser Welt. Es gab abscheuliche Lügner und Verleumder. Geizige verhärteten oft so, dass eine Umkehr selbst auf dem Totenbett unmöglich war. Am schlimmsten waren die Hochmütigen. Sie vergassen Gott in ihrem irren Tanz um sich selbst.

Im Innsbrucker Kloster hatte sich inzwischen nichts verändert. Pater von Lama fühlte sich einsamer als je zuvor. Er zog sich in sein Zimmer zurück und schrieb dem Bischof einen Bericht über den Besessenheitsfall.

«Sie haben richtig gehandelt», lautete die Antwort des Bischofs zwei Wochen später.

Erst in Kärnten fand Severin wieder menschliches Verstehen, ausgerechnet in dem Land, das ihm bei seinem letzten Besuch so missfallen hatte. Er vertrat in einem kleinen Ort den kranken Pfarrer. Wenn Severin für den Sonntagsgottesdienst eine leere Kirche erwartet hatte, so täuschte er sich. Sie war bis auf den letzten Platz besetzt. Darüber sprach er mit dem Pfarrer. Der lächelte: «Vierzig Jahre lang war die Pfarrei verwaist. Einer meiner Vorgänger hat die letzte Bürgersfrau aus der Kirche vertrieben mit seinen Predigten.»

«Und Sie haben die Gemeinde neu belebt?»

«Nicht ich», winkte der Kranke ab. «Soll ich Ihnen mein Geheimnis verraten? Ich habe täglich den Exorzismus gebetet.»

«Ich verstehe.»

Auch Severin betete ihn seit dem Besessenheitsfall täglich.

Noch tiefer verbunden fühlte er sich mit den Schwestern, bei denen er täglich die heilige Messe las. Eine von ihnen war ihm sofort aufgefallen: Schwester Hedwig Ebeling.

Schlicht, kein Wort zuviel, keines zu wenig, ein verinnerlichter Mensch. Ihm als erstem Menschen offenbarte sie sich und bekannte ihm ihre inneren Erlebnisse: Nächte voller Dunkelheit wechselten mit der überragenden Erkenntnis: Gott war wirklicher als alles übrige. «Wie töricht», meinte sie, «dass sich die Menschen lieber an Strohhalmen anhalten als sich dem lebendigen Gott auszuliefern.» Sie hatte sich Gott ausgeliefert. Lange redete sie mit Pater von Lama. Er schenkte ihr ein Büchlein, in dem sie ihre seltsamen Zustände beschrieben fand. Sie dankte ihm auf ihre Weise mit ihrer tiefen Lebensschau: Er möge weitergehen auf seinem bereits eingeschlagenen Wege. Gott sei mit ihm!

Sie war die erste aus einer Anzahl begnadeter Menschen, die er führen durfte.

Zwei Jahre später sollte Pater von Lama eine Schwester Martha kennenlernen, welche die Gabe der Herzensschau hatte: Sie wusste um die tiefsten Entscheidungen anderer für oder gegen Gott. Dazu musste sie den Menschen nicht einmal vor sich haben, sondern nur ein Stück Papier, auf dem der Betreffende wenige Worte geschrieben hatte. Die Schwester kannte die seelischen Gefahren des Schreibers, ob er im Zustand der Gnade oder in Todsünde lebte, genau so wie seine seelischen Chancen, und sah bildlich den Kampf des Schutzengels mit dem Dämon.

Auch der selige Franz von Poseides, Severins Vorfahre, der ihm im Besessenheitsfall beigestanden war, hatte die Gabe der Herzensschau gehabt. Nachforschungen hatten ergeben: der selige Franz von Poseides (1643—1713) war von seinem Stiefvater, dem Herrn Poseides, adoptiert worden. Sein richtiger Vater hatte jedoch de Lama geheissen. Der Selige sei schwer, aber erfolglos vom Teufel versucht worden. Ausser der Gabe der Herzensschau habe er die der Weissagung besessen.

SÜHNEBESESSENHEIT

Eingeladen von Pfarrer Landsdorfer, lernte Severin den seltenen Fall einer Sühnebesessenen kennen. Bei dieser Art der Besessenheit ist der Dämon an einen Menschen gefesselt. Der Sühnebesessene gibt in seinen freien Entschlüssen dem Bösen nicht nach, sondern bekämpft ihn. Ein solcher Mensch erlebt oft die Nacht des Geistes, eine entsetzliche Trostlosigkeit. Diese dient zu einer letzten Läuterung, vergleichbar der des Fegefeuers, bis hin zur mystischen Vollendung. Auch Pater Adolf Rodewyk S.J. schreibt in seinem Buch «Die dämonische Besessenheit», Seite 135, von einer Besessenheit als passiver Reinigung und als Sühne.

Die Sühnebesessene war ein junges Mädchen, noch keine Zwanzig. Früher sei sie ein blühendes Geschöpf gewesen, erklärte der Pfarrer. Jetzt sah das Mädchen bleich und zerfahren aus. Seit den letzten Exerzitien war sie zeitweise besessen.

Pfarrer Landsdorfer hatte vor der Ankunft des Mädchens sämtliche Türen und Fenster mit einer geweihten Benediktusmedaille gesegnet, um eine Flucht zu verhindern. Das Mädchen starrte lange die beiden Priester an. Plötzlich verzerrte sich ihr Gesicht, sie brüllte, und wütend wollte sie Pfarrer Landsdorfer und Pater Severin anfallen. «Du kannst uns tun, was du willst,» sagte der Pater. «Schon jetzt opfern wir es auf für die sterbenden Todsünder.» Ein abscheuliches Kreischen war die Antwort.

Das Mädchen habe in ein Kloster eintreten wollen, gestand der Dämon, aber ihre Mutter habe es verboten. «Lieber ist es mir, du kriegst zwei ledige Kinder», habe sie geschrien. Und jetzt sei das Mädchen von zwei Dämonen besessen. Die beiden Priester wollten den Exorzismus vollziehen, aber die beiden Dämonen hinderten sie daran.

«Rufen wir doch den Schutzengel des Mädchens um Hilfe an», schlug Pater von Lama vor.

«Tun Sie es selbst», sagte der Pfarrer, «und bitten Sie um einen Beweis dafür, dass der Schutzengel es ist, der hilft».

Um jede Suggestion auszuschliessen, betete Pater von Lama im Stillen zum Schutzengel des Mädchens: «Fessle du ihre Hände auf dem Rücken, damit sie nicht mehr unsere Arbeit stören kann.»

Langsam bewegten sich die Hände des Mädchens nach rückwärts, bis die Finger beider Hände einander berührten. Die Priester beteten den Exorzismus. Die beiden Dämonen sagten ihren Namen. Einer von ihnen nannte sich Ministerialrat des Königs Minos II. von Mykene.

Dies überraschte Severin. Vor Jahren hatte ihm ein Ordenspriester berichtet, er habe studienhalber Spiritistenzirkel besucht. Einer der Verstorbenen hätte sich in gewählten, bildhaften Ausdrücken des klassischen Griechisch gemeldet und sich unserer Sprechweise nach 'Ministerialrat des Königs Minos II. von Mykene', genannt. Die Hände des Mädchens waren solange auf dem Rücken von unsichtbarer Kraft aneinandergefesselt, bis Pater von Lama nach dem Exorzismus um Freigabe bat. Auch das Mädchen war frei von seinen Dämonen.

Auf der Heimfahrt war Pater von Lama froh wie lange nicht mehr. In Garmisch musste er umsteigen. Auf dem Bahnhof betete er sein Brevier. Nichts lenkte ihn ab. Da umkreiste ihn eine elegante Dame. Sie lachte aufreizend, als sie fragte: «Wären Sie auf den Bergen dem Unendlichen nicht näher?»

Er blickte die Dame an. «Sie würden es nicht glauben, wenn ich Ihnen erzählte, wie viele Bergspitzen ich schon bestiegen habe.»

«Sagt Ihnen die Natur auch etwas?» fragte sie.

Er erzählte, wie die Berge ringsum entstanden seien.

«Ich meine nicht das wissenschaftliche Verstehen», unterbrach sie ihn, «sondern das künstlerische.»

«Ich zeichne, male und schreibe Gedichte», sagte er.

Lachend gab sie sich geschlagen.

Auch im Zug konnte der Priester sein Brevier nicht ungestört zu Ende beten. Ein Bibelforscher stellte sich neben ihn und riet ihm, doch die Heilige Schrift zu lesen anstelle des Breviers. «Hier stehen Gedanken und Psalmen aus der Heiligen Schrift», entgegnete der Priester und zeigte auf sein Brevier. «Sie müssen sie studieren», mahnte der Bibelforscher.

Pater von Lama zitierte einen Satz aus der Genesis auf Hebräisch. Der Mann gestand, dies nicht zu verstehen. «Ja, wenn Sie nicht die Sprache der Heiligen Schrift kennen», meinte der Priester, «wie wollen sie dann urteilen? Jahraus, jahrein lesen sie die Priester.»

Ein Mädchen, das in der Nähe sass, fing zu kichern an. Bald brüllten die Leute im Waggon vor Lachen. Der Bibelforscher schaute unsicher umher. «Nichts für ungut», sagte er und stieg bei der nächsten Station aus.

AUF LEBEN UND TOD

Im Herbst, so hatte der Besessene prophezeit, käme es zu einem Kampf auf Leben und Tod. Der Herbst war gekommen, und Pater von Lama beichtete in München bei dem heiligmässigen Benediktinerpater Bonaventura Krotz. Dieser Priester war in Mystik erfahren und verstand, als Pater von Lama die Drohung des Dämons erwähnte. Ruhig verliess Pater Severin den Beichtstuhl, gerüstet für alles, was immer auch kommen würde.

An der Pforte eines Schwesternklosters, wo er Exerzitien halten sollte, begrüsste ihn freudig die Novizenmeisterin. Der erste Tag verlief ruhig. Am zweiten fiel Pater von Lama eine lange Treppe hinunter, ohne sich erklären zu können, wie das eigentlich habe geschehen können. Erschreckt liefen die Schwestern zusammen. Er müsse mehrere Knochenbrüche haben, meinten sie. Doch er stand auf, es war ihm nichts geschehen. Am dritten Tag sprach der Priester über den Tod. Er allein sei das Tor in die andere Welt. Der Todestag eines Menschen sei der wichtigste seines Lebens.

Da stürzte die Generaloberin in den Raum. Er möge sofort kommen, die Novizenmeisterin sei schwer erkrankt. «Nicht möglich, sie sah so gesund aus», sagte Pater Severin. «Sie war immer gesund, und noch so jung», keuchte die Oberin vor Aufregung. «Ich bin fassungslos.» Die Schwestern im Vortragssaal erhoben sich. Ein Flüstern begann. Der Priester stand vor der Novizenmeisterin. Noch heute früh hatte er sie gesehen. Rosig waren ihre Wangen gewesen, klar ihr Blick.

Sie lag mit wächsernem Gesicht da, die Augen tief umschattet. Scharf traten die Jochbögen der Wangen hervor. «Es ist alles so plötzlich gekommen», flüsterte die Kranke. «Ich habe nicht geglaubt, dass . . .» Sie war zu erschöpft, um den Satz fertig zu sprechen.

Der Priester erzählte der Schwester sein Erlebnis in Eggmühl. Er sprach davon, was der Dämon vorausverkündet hatte. Und dass sie das Opfer sei. Da lächelte die Schwester und nickte. Am nächsten Morgen war sie tot. Das Leben ging weiter.

Pater von Lama predigte, hörte Beichten und ging auf Aushilfe. Alles deutete auf eine politische Entladung hin, der Nationalsozialismus begann sich zu enthüllen. Seine Mitbrüder sahen das nicht. Auch die grosse Masse der Menschen war blind dafür.

Hatte Pater von Lama vor dem Ersten Weltkrieg den Verlauf der Geschichte zum Teil vorausgesehen: jetzt war er noch hellsichtiger geworden.

SELTSAME ERLEBNISSE

Würde er ein Leben lang Exorzist sein? Alles wies in diese Richtung: Pfarrer Landsdorfer schickte ihm einen Besessenen. Kaplan Othmar Fischer, selbst Exorzist, übergab ihm ebenfalls einen solchen Fall. Bischof Waitz erteilte ihm alle Befugnisse. Ein Prälat lehrte ihn, wie er den Exorzismus am besten ausübe. Ein Arzt der Landesheilanstalt Hall in Tirol, der Psychiater Dr. Mayr, zog ihn zu einem Fall bei. Der Arzt meinte, in diesem Fall gäbe es zuviel Widersprechendes, das er nicht deuten könne. Er sei wohl nicht zuständig dafür. Es handelte sich um ein junges Mädchen, das an Sühnebesessenheit litt für einen Onkel in Amerika. Als Pater von Lama ihr ein Stück Brot reichte, auf das er einen Tropfen geweihten Öles gegossen hatte, biss sie in das Brot und schrie auf. «Das schmeckt entsetzlich. Was haben Sie mir gegeben?» Sie reinigte sich die Zähne mit Zeitungspapier. Pater von Lama schickte Dr. Mayr einen Bericht über den Fall. Der Arzt fand den Bericht genau, anregend und nicht im geringsten seine Tätigkeit störend. Er, der bisher Atheist gewesen war, bekehrte sich und starb bald darauf.

Kurze Zeit später schickte Kaplan Fischer zwei Frauen zu Pater von Lama. Die beiden Frauen wollten eine religiöse Gesellschaft gründen. Eine von ihnen war eine typische Hysterikerin, die zweite besessen. Teilnahmslos hörte sie ihm zu. «Ich glaube, Sie verstehen mich nicht», sagte sie. «Wie soll ich nicht, gnädige Frau», sagte Pater Severin, «ich bin doch selbst ein armer Sünder.»

Sie gewann plötzlich Interesse an ihm.

Es steht nirgends vermerkt, wie lange dieser Besessenheitsfall gedauert hat. Pater von Lama schrieb: «Die Frau wurde frei und überreichte mir ihre Ohrringe. 'Darüber können sie verfügen.' In jedem Ohrring befand sich ein Pyrops, das ist ein blutroter Granat, der eine Hostie versinnbildlichte. Die Frau hatte den Freimaurern konsekrierte Hostien gegen Geld ausgeliefert.»

Erlebnisse dieser Art rissen nicht ab. Ein Konvertit besuchte Pater von Lama — so vermerkte er in seinem Tagebuch, und liess ihn von Padre Pio, dem bekannten italienischen Mystiker, grüssen. Der bitte um Aufschluss über eine Pseudomystikerin in Salzburg. Wie dieser Fall verlaufen ist, wird im Tagebuch nicht vermerkt.

Pater von Lama schaute den Tod eines früheren Provinzials voraus und meldete dies seinem Superior. Auf den Tag genau traf die Todesnachricht ein.

Der Charismatiker

BEI ALOIS SCHMID VON MINDELHEIM

Sein Bruder Camill vermittelte ihm eine Einladung zum Heilpraktiker Alois Schmid von Mindelheim. Schmid war ein Mann, der bedingungslos glaubte, was immer er erlebte. Aus diesem Glauben heraus heilte er seine Kranken. Seine Heilkraft war oft unbegreiflich. Er bereitete seine Patienten auf die Heilung vor mit Gebet und Sakramentempfang. Schmid erkannte in Pater von Lama einen Mann seines Geistes. Deshalb berichtete ihm Schmid seine tiefen Erfahrungen. Beim Abschied sagte er: «Ich will Ihnen ein ähnliches Charisma erbeten, wie ich eines habe.» Tage später stellte der Priester fest: Getränke, die er segnete, veränderten den Geschmack.

Er segnete eine Kranke und merkte, wie seine Hand pulsierte. Erst viel später erfuhr er: Sobald er dieses Pulsieren in seiner Hand verspürte, konnte er helfen. Auf dem Land zur Aushilfe, erzählte er zwei Hotelgästen über den animalischen Magnetismus, den manche Hände ausstrahlten. Er selbst habe dies ausprobiert. Die Herren interessierten sich dafür und baten ihn um eine Probe. Ihrem Drängen gab er nach. Vor dem Versuch betete er den Exorzismus, um jede dämonische Einwirkung auszuschalten. In einer Entfernung von ungefähr zehn Zentimeter fuhr Severin mit seiner Hand über Kopf, Arme, Rücken und Beine der beiden Herren. Beide bestätigten: seine Hand strahle Wärme aus. Einer von ihnen, ein wuchtiger Mann, litt seit Jahren an Rheumatismus. Er bat den Priester, ihn täglich zu bestrahlen, solange er hier zur Aushilfe sei. Der Priester willigte ein, und täglich verspürte der Leidende die wohltuende Wärme, welche die Hand des Priesters verströmte. Einmal nach einer Bergtour kam Pater von Lama sehr ermüdet nach Hause.

«Heute wird meine Hand keine Wärme ausstrahlen», sagte er zum Rheumaleidenden. Doch sie wirkte stärker als je zuvor. Das überraschte den Priester. Laut Naturgesetz musste die Kraft bei Ermüdung abnehmen. «Vielleicht wirkt mein Exorzismus», dachte er.

Der norddeutsche Provinzial war im Hause. Severin unterhielt sich mit ihm und erwähnte seine Erfahrungen mit Dämonisierten. «Sie sind wohl übergeschnappt», sagte der Provinzial. «Mehr Arbeit wird Sie wieder zur Vernunft bringen.» Er benachrichtigte den österreichischen Provinzial. Der verlangte, dass Pater von Lama für einen erkrankten Mitbruder innerhalb zehn Tagen Missionspredigten ausarbeite. Täglich bis Mitternacht hatte Severin damit zu tun. Als ihm sein Superior noch ein Triduum, das sind dreitägige Einkehrtage, aufhalste mit 16 bis 17 Predigten, schrieb Pater von Lama in sein Tagebuch: «Ich muss wirklich übergeschnappt sein in heiligem Gehorsam.» Er hielt die Volksmission in Regensburg; sie war ein voller Erfolg.

NEUE LICHTER

Entzündeten sich neue Lichter in Severins Leben? Er las die heilige Messe und spürte beim Gloria einen heftigen Stich in seinem Herzen. Beim Evangelium war ihm, als durchbohre ein harter Gegenstand seine linke Handwurzel. Der körperliche Schmerz war unerträglich. «Ein Gottmensch ist für uns am Kreuze gestorben», dachte er und tauchte ein in das Geheimnis der Wandlung. Einem Vogel gleich, der dem Licht zufliegt, spannte sich seine Sehnsucht Gott entgegen.

Am Abend — er hatte sich niedergelegt — schmerzten Severins Arme, die Fussrücken, sein Herz.

Das war keine Neurose, keine Krankheit.

Er hatte einmal über nicht sichtbare Stigmatisation gelesen, nicht ahnend, was sie bedeute. Kannte er sie jetzt? Noch zweifelte er.

Sein alter Beichtvater, Pater Balthasar Gritsch in Schwaz, belehrte und beruhigte ihn: «Was Sie jetzt empfinden, lieber Mitbruder, ist die mystische Teilnahme am Leiden Christi.»

Severin fröstelte, als er die Worte überdachte. Dies bedeutete heftige körperliche Schmerzen durch Jahre, durch Jahrzehnte, immer wieder. Kein Arzt würde ihm helfen können. Würde er diese Schmerzen ertragen? Wie ein Weizenkorn in die Erde fällt, so fiel sein Wille in den Willen Gottes. Er, der König aller Sonnen, würde einen kleinen Menschen trösten und ihm nicht mehr aufbürden, als er ertragen konnte.

Wie ein Kind betete der Priester: «Du weisst, ich liebe Dich. Nur lass dies alles unsichtbar bleiben, ein Leben lang.» Rächte sich der Widersacher? In der Nacht spürte Pater von Lama, wie eine fremde Persönlichkeit sich seiner bemächtigte, bis zum Hals hinauf. Im Namen Jesu verbat sich der Priester jede Belästigung durch den bösen Feind. Und die würgende Hand liess ihn wieder frei.

EINE BLUME DUFTET

1937 besuchte er seine Verwandten in Gauting bei München. Seine Nichte Lilly von Lama, die Tochter seines Bruders Fritz, jetzt Studentin an der Akademie für Bildende Künste, war an Gallenentzündung erkrankt. Pater von Lamas Segen heilte sie. Wieder hatte der Priester eines seiner Gesichte. «Merkwürdig», sagte er zu Lilly, «ich glaube, dein Herz wird erkranken.»

Neun Tage später traf dies ein. Abermals half Pater von Lamas Segen. Das Mädchen fühlte sich wieder frisch und gesund. Bald darauf lag sie mit Rippenfellentzündung im Bett. Eine Erkrankung löste die andere ab, ohne dass ursächlich Zusammenhänge vorlagen. Ernst sagte der Priester: «Kind, du hast ein Sühneleiden übernommen. Ich bin mit meiner Hilfe am Ende.» Da errötete Lilly und gestand, sie wolle einem Kollegen helfen. Er sei ein wertvoller Mensch, aber verhärtet im Atheismus. Stundenlang habe sie mit ihm über Religion gesprochen, alles vergebens. Und dann habe sie . . . Sie sprach den Satz nicht zu Ende. «Weisst du, was du tust?» fragte der Priester. «Dies kann dein Leben kosten.»

Lebhaft sagte Lilly: «Wenn Gott das Opfer angenommen hat, wenn es sein Wille ist, dann sag ich wie du, Onkel: Nichts als her damit! Etwas Grösseres als den Willen Gottes kenne ich nicht.» Tage später lag Lilly im Sanatorium. Zuerst blühte sie auf, sodass Ärzte und Schwestern und auch das Mädchen an die Gesundung glaubten. Lilly war voll Zukunftsfreude und nähte an einer Bluse, die ein schönes Blau zeigte. Ganz plötzlich legte Lilly die Nadel aus der Hand: denn sie fühlte sich von einem Augenblick auf den andern todkrank. Sie wusste, jetzt hatte sie den letzten Stich gemacht. Nie würde sie die Bluse tragen. Sie liess sofort Pater von Lama rufen. Nur er verstand sie.

«Kind, du hast dein Leben geopfert», sagte der Priester, «erbitte von Gott ein Zeichen seiner Anerkennung.» Neben ihrem Bett stand ein Strauss Dahlien. Lilly zeigte auf eine der Blumen. «Diese soll duften», sagte sie. Sogleich begann die sonst geruchlose Blume betäubend zu riechen. Sie blieb sechs Wochen frisch, alle andern Blumen des Strausses verwelkten bald.

«Wenn es dunkel wird in deiner letzten Stunde», sagte Pater von Lama, «dann erwarte die Ankunft des himmlischen Vaters so sicher, wie jetzt die Blume als Zeichen duftet.» Ruhig ging Lilly hinüber in die Ewigkeit; ihre Zimmerkollegin merkte nicht, dass Lilly gestorben war. Als Fritz von Lama, der ahnungslose Vater, von seiner Reise nach Hause kam, schlug Severin die Heilige Schrift

auf und zeigte auf die Stelle: «Eine grössere Liebe hat niemand, als wer sein Leben hingibt für seine Freunde.»
Ein Schweizer Priester besuchte Fritz von Lama Monate später.
Die beiden Männer kannten sich nur flüchtig. Fritz zeigte ihm die Wohnung. In einem Zimmer hing Lillys Selbstporträt. Der Priester aus der Schweiz blieb vor dem Bild stehen. «Wer ist dieses Mädchen?» rief er. «Sie hat ihr Leben für einen anderen Menschen geopfert. Mir ist sie», und er nannte das genaue Todesdatum, «um drei Uhr morgens in meiner Kapelle erschienen und hat mir ihren Tod angemeldet.»
Sieben Jahre später sollte Lilly auch ihrem Vater erscheinen, um ihn vorzubereiten auf seinen bittern Weg, der im KZ endete.
Noch im selben Jahr wurde Severins Bruder Camill von den Nationalsozialisten verhaftet. Er erklärte in Gegenwart seiner Bewacher: «Ich könnte es besser haben, vorausgesetzt, ich würde bedauern, dass ich meine Pflicht als Priester erfüllt habe.»

DAS NORDLICHT

Immer heftiger wurde das politische Unwetter.
Am 25. Januar 1938 sah man bei uns das Nordlicht.
Mitten in der Nacht leuchtete der Himmel, sodass das Wallfahrtskloster Maria Plain, wo Pater von Lama weilte, in Smaragdgrün getaucht war.
«Gnade uns Gott», schrieb Pater von Lama in sein Tagebuch, «es war das Licht aus dem Norden, das die Muttergottes den Kindern in Fatima angekündigt hat.»
Im Februar fuhr der österreichische Bundeskanzler Dr. Kurt Schuschnigg zu Hitler, der ihm seine Bedingungen stellte. Was viele gehofft, geschah nicht: Keine der anderen Mächte half Österreich. Mitte Februar 1938 wurde in

St. Cajetan von einer Mystikerin die Hostie in der Monstranz schwarz gesehen, wie 1933 in Oberschlesien. Auch Fritz von Lama erblickte eine Hostie schwarz in der Dreifaltigkeitskirche in München.

Bald darauf erhielt Fritz von einem Maler aus dem Gefängnis ein Bild zugesandt. Der Mann stand knapp vor dem Ausbruch einer Geisteskrankheit. Das Bild war ein wüstes Durcheinander. Drehte man die Zeichnung um 90 Grad, dann um 180 Grad, so zeigte sich ein Vexierbild: ein Hitlerporträt und brennende Häuser.

Anfang März 1938 hielt Schuschnigg seine letzte Ansprache als Bundeskanzler. Mit den Worten «Gott schütze Österreich!» beendete er seine Rede.

DEUTSCHE TRUPPEN IN ÖSTERREICH

Tage später marschierten deutsche Truppen in Österreich ein. Schwarz-weiss-rote Fahnen und Hackenkreuzflaggen wehten. An Plakatsäulen klebten grosse Hitlerbilder. Der Diktator fuhr im Auto aufrecht stehend — durch die Städte Österreichs. Die Menschen schrien sich heiser vor Begeisterung.

Schon im Humanismus hatte man Gott entthront und den Menschen an seine Stelle gesetzt.

Man vergötterte menschliche Verstandeskräfte und glaubte, der Mensch sei fähig, der Natur ihre letzten Geheimnisse zu entreissen. Der Erste Weltkrieg hatte diese Hoffnung zerschlagen. 1918 hatte Pater von Lama vorausgesagt: noch einmal würde sich der Liberalismus im Politischen für kurze Zeit ausleben.

Nun war es so weit. Hitler versprach den Menschen Arbeit und Brot, und dieses eine Mal hielt er sein Wort. Wenn anfangs Hitlergegner prophezeit hatten, die Arbeitslosigkeit würde bald wieder einsetzen, täuschten sie sich. Hitler liess bauen, unter anderem Autobahnen, die zunächst für einen schnelleren Transport der Truppen gedacht waren. Denn Hitler rüstete für den Krieg, den grössten Krieg der Geschichte, der etwa 55 Millionen Tote, 35 Millionen Verwundete und 3 Millionen Vermisste fordern sollte.

Dem wirtschaftlichen Erfolg folgte eine tiefe Faszination. Wie alle Tyrannen, überschätzte sich auch Hitler. Diese Eigenschaft liess ihn geheimnisvoll, faszinierend erscheinen. Die Menschen hatten allzulange unter einer religiösen Sinnentleerung gelitten. Jetzt existierte der Führer, ein Ersatzgott. Viele nationalsozialistische Idealisten verehrten ihn wie einen solchen, andere fanden Gelegenheit, ihre perversen Instinkte auszuleben. Schon früh zeigte die Partei ihr wahres Gesicht. Hitler liess 1934 einige seiner besten Freunde, deren Rivalität er fürchtete, unter anderen Ernst Röhm, ohne gerichtliche Verhandlung erschiessen. In München, so erzählt Pater von Lama in seinem Buch «Am tiefsten Quell», seien die Nationalsozialisten mit einem riesigen Plakat «Lieber mit Hitler in die Hölle als mit Christus in den Himmel», durch die Strassen gefahren.

Der «Führer» liebte genau so wenig wie andere Despoten die Menschen. Nur seine Macht über andere berauschte ihn. Bedenkenlos opferte er seine Soldaten. Dennoch gab es genügend Mütter und Gattinnen, welche mit Stolz die vorgedruckten Todesanzeigen mit den Worten: «In deutscher Trauer», oder «Auf dem Felde der Ehre gefallen», für ihre gefallenen Söhne und Männer verschickten. Eine Pseudoreligion hatte echtes religiöses Leben überwuchert.

Nach der Machtübergabe Hitlers in Österreich kündete Pater von Lama seinen Mitbrüdern: an die 100 Jahre würden nicht ausreichen, um den Schmutz und die Schande abzuwaschen, die der Nationalsozialismus bringen würde. Sie, die jetzt Verfemten, würden dies besorgen müssen. Der vergötterte Fortschritt des Bürgerliberalismus war nach dem Ersten Weltkrieg gestürzt worden. Wer sich nicht die Augen und die Ohren verklebte, sah einen Zweiten Weltkrieg voraus. Mit ihm, so meinte Pater von Lama, würde auch der Übermensch fallen.

Pater von Lama vernichtete die Post, die er aus Deutschland bekommen hatte. Er tat gut daran. Denn kaum war er in Eger in der Tschechoslowakei, wohin ihn der Superior der Sicherheit wegen geschickt hatte, wurde in Innsbruck sein Zimmer von der Geheimen Staatspolizei, der Gestapo, durchsucht.

Zur selben Zeit wurden sein Bruder Fritz und dessen Sohn Franz verhaftet.

Im Frühjahr 1938 fuhr Kardinal Verdier nach dem Eucharistischen Kongress in Budapest durch Eger.

Die Patres, die französisch sprachen, unter ihnen Pater von Lama, erwarteten ihn am Bahnhof, um von ihm Weisungen einzuholen. Aber er beantwortete ihre Fragen mit Schweigen.

Immer ernster wurde die politische Lage. Ein Lord Remeinon hetzte die Sudetendeutschen auf, und slowakisches Militär besetzte die Grenze gegen Deutschland.

Papst Pius XII. hielt eine erschütternde Ansprache.

Als Hitler durch Eger fuhr, betete Pater von Lama gemeinsam mit Professor Boer, einem Bekannten aus Innsbruck, den Exorzismus über Hitler. Der Führer sackte in seiner Siegespose zusammen, und zur Bestürzung der Massen raste das Auto mit ihm davon.

Auch später, am Grabe seines Chauffeurs Schruck, eines praktizierenden Katholiken, konnte Hitler kein Wort herausbringen, als ein Pfarrer, von Pater von Lama unterrichtet, den Exorzismus betete.

Im Herbst 1938 waren Fritz und Franz von Lama wieder frei. So konnte Severin nach Innsbruck zurückkehren.

Kaum war er dort, als er nach Pfunds zur Aushilfe musste. Der dortige Pfarrer hatte einen nervenstarken Priester angefordert. Denn in diesem Ort hatte vor einem Jahr ein

Aushilfspriester einen Nervenzusammenbruch erlitten, so sehr hatten zwei Nationalsozialisten des Ortes in zerstörerischer Weise gewirkt.

Pater von Lama begann seinen Aufenthalt in Pfunds mit dem Exorzismus: die beiden Nationalsozialisten zerstritten sich, die Beichten und die halbstündigen Andachten wurden gut besucht. Der Ortspfarrer, der am liebsten Motorrad gefahren war, wurde gehbehindert und wirkte wieder seelsorglich.

In Innsbruck vertiefte sich Pater von Lama in das Leben der Heiligen. Um wieviel besser er jetzt ihr Leben verstand! Aus der Liebe musste man leben!

Heute war dies wichtiger denn je! Freilich bedeutete dies Opfer, so wie dies jede Liebe verlangt. Der Priester predigte über das Opfer: Viele Menschen verstünden nicht mehr den Sinn eines Opfers: dem Verzicht Gott zuliebe. So sei das Opfer eine Tat der Liebe auf Gott zu, dem Urgrund und Sinn des Lebens.

Einen Tag nach dieser Predigt sagte freudig die Mesnerin: sie habe alle Puppen verbrannt, die auf dem Dachboden gewesen seien, um auch ein Opfer zu bringen. Eine einzige habe sie behalten. Sie zeigte ihre «Puppe» Pater von Lama. Es war eine wertvolle künstlerische Figur. Wie konnte ihn die Frau nur so falsch verstanden haben. «Merkwürdig, wie verknorxt ehrliches Helfenwollen oft wirkt», schrieb er in sein Tagebuch. Hatte er sich nicht richtig ausgedrückt?

Dann aber kam eine Lehrerin, die aus dem Rheinland stammte: Sie sei so unglücklich gewesen, als sie hierher versetzt worden sei. Jetzt danke sie Gott dafür. Denn Pater von Lama habe ihr mit seiner Predigt den Sinn des Lebens erschlossen.

Noch versprühte das Feuerwerk der deutschen Rasse sein funkelndes Licht.

Der Jude Grünspan erschoss in Paris ein Mitglied der deutschen Botschaft. In der Nacht vom 9. auf den 10.

November 1938, der sogenannten Kristallnacht, schlugen Nationalsozialisten in Deutschland und Österreich Fenster jüdischer Geschäfte und Wohnungen ein, plünderten und steckten Synagogen in Brand. Die Willküraktionen forderten viele Todesopfer. Etwa 26000 Juden wurden in Konzentrationslager gebracht. Der erste Schritt zum Schrecken des Konzentrationslagers war getan, wo Männer, Frauen und Kinder zu Tode gequält wurden. Ausser den Juden litt während der braunen Ära der, welcher sich nicht mitreissen liess vom Rausch der Zeit. Man sprach vom tausendjährigen Reich, dass das deutsche Volk ewig sei, und Hitler, der Führer, wurde vergöttert. Pater von Lama bezeichnete ihn als dämonischen Verführer.

DER ZWEITE WELTKRIEG

Im Oktober 1938 verlangte Hitler die Rückgabe der Freien Stadt Danzig, was Polen entschieden ablehnte. England, Frankreich und Polen unterzeichneten einen Vertrag auf gegenseitigen Beistand. Am 22. August 1939 kam es zwischen Deutschland und der Sowjetunion zu einem Wirtschafts- und Nichtangriffspakt. Noch am selben Tage kündete Hitler seinen Wehrmachtsspitzen den bevorstehenden Angriff auf Polen an. Am 31. August 1939 täuschte Hitler einen Angriff polnischer Soldaten auf den Gleiwitzer Sender als Vorwand für den Einmarsch in Polen vor: SS-Leute, in polnische Uniformen gekleidet, eröffneten das Feuer auf dazu bestimmte KZ-Häftlinge in deutschen Uniformen. Am 1. September 1939 schossen deutsche Truppen auf Polen. Am 3. September 1939 geschah, was Hitler und sein Anhang nicht erwartet hatten: England und Frankreich erklärten Deutschland den Krieg. Diese Nachricht traf die Parteileitung schwer. Aber schon loderten neue Begeisterungsfeuer auf, denn in einem Blitzkrieg von knappen vier Wochen unterwarf Deutschland Polen.

Seit langem betete Pater von Lama sein Lieblingsgebet: «Herr, dein Wille geschehe.» Dieses Gebet war besonders wirksam in einer so dämonischen Zeit. Nur dann, meditierte der Priester, wenn er sich ganz in den Willen Gottes fallen liess, würde er vollbringen, was Gott von ihm verlangte. Severin sprach mit Gott im Traum und im Halbschlaf, so sehr hatte sein Glaube sein Unterbewusstsein durchdrungen.

Zu dieser Zeit erhielt Pater von Lama eine Kreuzpartikel geschenkt. Der Holzsplitter stammte von dem Kreuz, das der Heiland mit seinen Händen getragen hatte und an dem er gestorben war. Solch ein materielles Teilchen bewirkt Wunder. Um wieviel mehr der Tod des Gottessohnes. Bis an seine Grenzen wollte sich der Priester einsetzen für Gott. Was hatte er bisher geleistet? Ihn dünkte es so wenig. Und doch spürte er, dass er besondere Aufgaben hatte. Der Exorzismus fiel ihm ein. Dieser aber genügte nicht. Hatte nicht Christus gesagt: (Lk 10,20) «Freut euch nicht darüber, dass euch die Geister untertan sind, sondern freut euch, dass eure Namen eingeschrieben sind im Himmel.»

Immer noch hinderte Severin sein Temperament, das jeweilige Ziel massvoll anzupeilen und sich klug zu entfalten. Er forderte von sich: Glaubenssicherheit für andere, Verständnis für die Sünder, mehr Gebet und Gewissenserforschung jeden Abend.

Vor politischen Veränderungen spürte Pater von Lama Schmerzen in den Händen. Den Schmerz in der linken Handwurzel bezeichnete er als Opferbereitschaft, den in der rechten als Zeichen der Liebe. Immer wieder schrieb Pater von Lama in sein Tagebuch, dass er an Händen und Füssen an Schmerzen leide, an der Seite, selten am Herzen. Mitleiden mit Christus!

Noch erkannte Severin seine Aufgabe nicht, obwohl sie bereits vorgezeichnet war: Dienst am Menschen, Missionierung durch seine Gabe.

Er las viel über Heilige. Ihr Leben beurteilte er jetzt anders als früher. Wie einfach, wie verständlich es ihm jetzt erschien. Was er angefangen hatte, führte er fort: das Buch über die Mystik Österreichs.

Eine Sühnebesessene, die besonders hellsichtig war, ermunterte ihn, das Buch weiter zu schreiben. Dies bestärkte ihn, obwohl er ein Manuskript für ein Büchlein vom Verlag zurückbekommen hatte. Die Verlagsanstalt hatte geschrieben, der Grundgedanke des Büchleins, man könne Gott etwas aufopfern, sei nicht falsch, aber zu gewagt für die heutige Zeit. Die Kirchengegner würden sich darüber lustig machen. Aber nicht für die Gegner hatte es Pater von Lama geschrieben, sondern für die, die dem Glauben treu geblieben waren. Und wie viele waren es noch. Sie harrten aus bis in den Tod im KZ.

SCHRECKEN
DER KONZENTRATIONSLAGER

Juden, Zigeuner, Kommunisten, Bibelforscher, katholische Priester wurden in den Konzentrationslagern zu Tode gemartert. Pater von Lama kannte persönlich Priester, die im KZ ums Leben kamen.

Zum Beispiel den Pfarrer Otto Neururer aus Götzens. Man hatte ihn ins KZ gebracht, weil er 1938 einem Mädchen geraten hatte, einen geschiedenen SA-Mann nicht zu ehelichen. Im KZ Buchenwalde, dem berüchtigtsten KZ Deutschlands, taufte der Pfarrer einen Mithäftling. Er wurde dabei beobachtet, deshalb in einen Bunker gesperrt und solange mit den Füssen an der Kerkerwand aufgehängt, bis dann der Tod durch Gehirnschlag am 30. Mai 1940 eingetreten war.

Neururers Nachfolger entwarf eine Todesanzeige, die der ehemalige Provikar der Apostolischen Administratur Innsbruck-Feldkirch, Msgr. Dr. Karl Lampert, mit seiner Autorität deckte. Die Worte der Todesanzeige: «Sein Sterben werden wir nie vergessen», nahm die Gestapo zum Anlass, Provikar Lampert zu verhaften. Nach mehrmaliger Haft kam er frei. Die Gestapo jedoch bediente sich eines Provokateurs, der Msgr. Lampert freundschaftlich mitfühlend politische Äusserungen entlockte. Am 13. November 1944 wurde Msgr. Lampert in Halle enthauptet.

An einem Karfreitag drückten KZ-Halter dem aus dem Salzburgerischen stammenden Pfarrer Andreas Rieser eine Krone aus Stacheldraht in die Kopfschwarte, um dadurch die Dornenkrönung Christi zu verhöhnen.

Fritz von Lama, Severins Bruder und Journalist, wurde 1937 jede schriftstellerische Tätigkeit verboten. Mehrmals wurde er von der Gestapo verhaftet, monatelang eingesperrt und ständig überwacht. Am 14. Januar 1944 wurde er ein letztesmal in Stadlheim verhaftet, obwohl der Staatsanwalt sich für seine Freilassung eingesetzt hatte. Am 9. Februar 1944 wurde seiner Frau schriftlich mitgeteilt, Fritz von Lama sei an Herzlähmung gestorben; sein Sarg dürfe nicht geöffnet werden. Der Witwe des Verstorbenen verbot man, Todesanzeigen zu verschicken. Eine mutige Ärztin, die in Stadlheim arbeitete, berichtete der Witwe über den Zustand der Leiche: am Körper des Toten habe sie Würgemale und Spuren von Folterungen festgestellt, und alle Zähne seien herausgerissen worden.

Der päpstliche Nuntius liess der Witwe in der ersten Nacht nach der Ermordung ein Beileidsschreiben zukommen, der englische Rundfunk brachte einen ehrenden Nachruf. Fritz von Lama, der Journalist, war für Christus gestorben, in seiner Nachfolge.

Die Gemeinde Gauting, in der Fritz von Lama gelebt hatte, liess nach dem Krieg in ihrem Rathaus von dem Toten ein Reliefporträt mit einer Bronzetafel anbringen.

Die Menschen pilgerten zu Pater von Lama mit ihren

grossen Sorgen: eine Tiroler Familie hatte vier Söhne durch den Krieg verloren, die 19jährige Tochter lag unter den Trümmern eines Hauses begraben, von einer Fliegerbombe getroffen. Der einzige Sohn, der seit Beginn des Krieges an der Front gekämpft hatte, hatte bisher überlebt. Pater von Lama segnete ihn und betete für seine Gesundheit.

Er konnte nie genug segnen in einem so schrecklichen Krieg. Wenn er das Wasser für seine Patienten segnete, dann änderte sich Geruch und Geschmack des Wassers: Es schmeckte bitter bei Nierenleiden und Kreuzschmerzen, lauwarm bei Lungenleiden, heiss bei Asthmaleiden, es war dickflüssig bei Drüsenleiden, frisch und wohltuend bei Kropferkrankungen, schmeckte süss bei Blasenleiden und Blähungen und salzig bei Verletzungen.

MYSTISCH BEGNADETE

Die Extremsituation der Zeit brachte es mit sich: der Priester kam öfter als in seinem bisherigen Leben mit mystisch Begnadeten und deren Gegensatz, den Besessenen, zusammen.

Mystisch Begnadete entfalten eine volle, freie Persönlichkeit, indem sie ihren Eigenwillen aufgeben.

Das heisst, sie schenken ihr eigenes Wollen und Wünschen Gott. So fallen die Grenzstäbe, welche die Sünde errichtet hat. Die Begnadeten sind — es klingt widersprüchlich — ausser sich und doch voller Ruhe in ihrer Seele. Fast ununterbrochen bewundern sie Gottes Grösse. In ihren Ekstasen sind sie aufs äusserste ergriffen, die Freude lässt sie verstummen, sie sind nicht imstande, über ihr mystisches Erleben zu sprechen.

Im Gedächtnis dieser Begnadeten haftet — so schreibt Pater von Lama in seinem Tagebuch — die erlebte Ekstase für immer. Dies schliesst nicht aus, dass sie zeitweise in Vergessenheit geraten kann.

Der Mystiker sehnt sich in verzehrender Weise nach Gott. Das ist sein Leid und seine Begnadung zugleich. Opfer und Leidensbereitschaft wachsen aus der Liebe. In dieser Liebe zu Gott wird auch jede menschliche Beziehung umstrahlt. So kann man sagen: Begnadete sind Menschen einer gesunden und lebendigen Beziehung zu Gott und den Menschen.

Mystiker wurden und werden oft missverstanden. Fälschlicherweise stellt man sie oft den Hysterikern gleich, sie, die Lebensvollen, den seelisch Kranken.

Eine mystisch Begnadete, die Pater von Lama kannte, besass die Herzensschau. Andere unterschieden geweihte Gegenstände von ungeweihten. Wieder andere sahen Zukünftiges voraus. In seinem Tagebuch erwähnt Pater von Lama besonders eine begnadete Dame: Wann immer sie an Sommertagen im Freien über Gottes Liebe sprach, flogen ihr Schmetterlinge in Scharen zu.

Bei vielen Begnadeten war die Beziehung zu Heilpflanzen sehr ausgeprägt.

Wann immer Pater von Lama mit solchen Menschen zusammenkam, fühlte er sich verstanden.

Viel erzählt Pater von Lama in seinem Tagebuch von Pfarrer Johann Eller aus St. Jodok. Dieser Pfarrer betete täglich den Exorzismus, ausserdem betete er auch täglich für die Armen Seelen. Als Eller im Hotel «Zur Sonne» von Gestapoleuten verhaftet wurde, ertönte vor dem Gebäude dröhnendes Geknatter, als ob ein Maschinengewehr abgefeuert würde. Mit dem Ruf «Ein Attentat», stürzten die Gestapoleute zum Fenster, sahen aber nichts. Ein zweiter Versuch, den Pfarrer zu verhören, zeigte dasselbe Phänomen.

Auf dies hin liessen die Gestapoleute den Pfarrer selbst das Protokoll abfassen und nach Hause gehen.

Pater von Lama besuchte den Heilpraktiker Alois Schmid in Mindelheim. Der Mann freute sich herzlich, den Priester wiederzusehen. Schmid betrachtete den Pater lange. «Den geistigen Zustand eines Menschen lese ich vom Gesicht ab», sagte der Heilpraktiker. «Ihre Ausstrahlung auf andere Menschen ist noch nicht in voller Kraft da. Sie wirken noch zu wenig.» Pater von Lama bekannte, dies fühle er selbst. «Ich werde für Sie beten», versprach der Heilpraktiker, und segnete zum Abschied den Priester, damit der Heilige Geist weiterhin und noch stärker in ihm wirke. Und seltsam: Pater von Lama merkte bald, dass seine Kraft sich steigerte.

PLÖTZLICHES MITLEID

Immer mehr enthüllte sich das Böse.
Pater von Lama verkündete unerschrocken den wahren Gott.
An einem Sonntag sah er von der Kanzel unter dem Eingang zur Dorfkirche den Ortsgruppenleiter, den Bürgermeister und zwei ihm unbekannte Zivilisten stehen. Die waren gewiss nicht gekommen, um die Predigt im Geiste Gottes anzuhören, sondern um ihn zu verhaften. Ruhig stieg Pater von Lama von der Kanzel, ging vor zum Altar und las die Messe zu Ende. Vielleicht würde sie die letzte seines Lebens sein. Die Gläubigen in der Kirche wurden unruhig. Die seltenen Besucher entgingen ihnen nicht.
Nach der Messe schritt Pater von Lama durch die Kirche, seinen Häschern entgegen. Sie musterten ihn frech.
Wilder Hass loderte aus den Augen eines Mannes. Er war massig, mit breiten Schultern, um die 36 Jahre alt. Seine Seele, das erkannte der Priester, war leer gebrannt. Plötzliches Mitleid mit diesem Menschen erfasste den Priester. Er machte das Zeichen des Kreuzes, der Mann schrie auf, warf die Arme in die Höhe, und sein Körper schlug schwer zu Boden. Er war tot.
Die anderen Männer vergassen, was sie als ihre Pflicht angesehen hatten. Fluchtartig verschwanden sie.

Auf der Heimfahrt nach Innsbruck standen im Waggon neben Severin junge Leute. Ein Bursche begann mit lauter Stimme und unter Gelächter über Geistliche und Beichten zu spotten. Ein Priester — dies sei vor 13 Jahren gewesen — habe ihn bei der Beichte gefragt, ob er sein Mädchen heiraten würde. «So etwas geht einen Pfaffen nichts an», ereiferte sich der Bursche. Seit dieser Zeit sei er nicht mehr beichten gegangen. Pater von Lama schaute auf.

Wenn das stimmte, musste der junge Mann schon als Kind intime Beziehungen zu einem Mädchen gehabt haben. Der Priester schwieg. Er betete: «Im Namen Christi, weiche aus meiner Nähe, was vom Bösen kommt.» Zu seiner Überraschung sagte der Bursche, er halte es im Waggon nicht mehr aus. Und für den Rest der Fahrt stellte er sich bei strömendem Regen auf die offene Plattform hinaus, obwohl die Fahrt noch eine gute Stunde dauerte. Einige der jungen Leute folgten ihm nach.

VOR DER GESTAPO

Pater von Lama wurde während des Krieges fünfmal von der Gestapo vorgeladen. Der Grund war beispielweise folgender: Pater von Lama hatte im Februar 1943 in Hochfilzen eine Volksmission gehalten. Zur Gestapo gerufen, erfuhr er: Durch seine nachmittägigen Predigten während der Woche habe er die Leute von ihrer im Krieg so notwendigen Arbeit abgehalten.

Pater von Lama verteidigte sich: der Pfarrer des Ortes habe mit dem Bürgermeister und der Gendarmerie die Zeit vereinbart. Von Arbeitsentzug konnte für die Bauern des Ortes also keine Rede sein, da das Land zur Zeit der Volksmission tief verschneit gewesen sei. Die Geheime Staatspolizei forderte ein Sicherheitsgeld von 500 Reichsmark, das auf ein Sperrkonto einbezahlt werden musste. Pater von Lama war also gut davongekommen. Ein anderes Mal verklagten ihn vier Männer des Ortes Weidring in Vorarlberg bei der Gestapo: Pater von Lama heile unbefugt kranke Menschen. Wieder verteidigte sich der Priester: Er untersuche weder seine Besucher, noch verschreibe er jemals ein Medikament, er erteile lediglich den Krankensegen. Dazu sei jeder Priester befugt.

Den vier Männern drohte er unerschrocken an: nicht er, sondern Gott würde ihre Tat bestrafen.

Auch die andern Male kam Pater von Lama gut davon. Dies schrieb er dem täglichen Gebet des Exorzismus zu. Auch Bischof Clemens August Graf von Galen, der unerschrockene «Löwe von Münster», entging dem KZ, obwohl er sich öfter an massgeblicher Stelle über die Gestapo beschwert hatte, weil diese Klöster enteignete. Der Bischof berief sich auf die zwei Millionen Katholiken, denen er verpflichtet sei.

Im Jahre 1940 hatte Hitler innerhalb von 10 Monaten fünf Länder erobert. Im Juni griff er Frankreich an; Paris fiel kampflos; Marschall Pétain bat um Waffenstillstand.

Im Frühjahr 1941 beherrschte Hitler fast ganz Europa. Seine Truppen stiessen bis Afrika vor. Nur England leistete erfolgreich Widerstand. Aber wie sollte es sich auf die Dauer behaupten? Hitlers Machtrausch war grenzenlos.

Seine Truppen griffen im Juni 1941 die Sowjetunion an ohne vorhergehende Kriegserklärung und ohne ersichtlichen Grund, und obwohl Hitler mit der Sowjetunion einen Freundschaftspakt geschlossen hatte. Auch dieser Krieg verlief in den ersten Monaten wie ein Blitzkrieg. Die deutschen Armeen drangen weit nach Russland vor. Papst Pius XII. weihte die Welt dem Herzen Mariae, und die Wende trat ein. Die deutschen Truppen erlitten im Winter vor Moskau eine entscheidende Niederlage. Anfang 1942 drängten die Generäle Hitler, den Rückzug anzutreten. Vergebens. Amerikaner und Engländer zerstörten mit ihrer Luftwaffe deutsche Städte.

Trotz allem glaubten Hitlers Anhänger fast bis zum Kriegsende im Mai 1945 an den Sieg.

DEM SCHWARZEN
MUSSTE ES GEHORCHEN

Immer öfter predigte Pater von Lama, dass Gott der beste aller Väter sei. Man mache ihm Freude, wenn man seinen Platz ausfülle. Der Priester sprach vom Leben und Sterben Christi, dass den Gotteskindern Leiden nicht erspart blieben und ihr Leben Opfer verlange. Erst in der ewigen Seligkeit würden die Leiden der Zeit ihren Sinn enthüllen. Seine Aufgabe sah Severin darin, als Vertreter Gottes segnend die Nöte der Zeit zu lindern, den Glauben an Christus zu bekräftigen und von ihm her die Wunden der Seelen zu heilen.

Eine Frau besuchte den Priester wegen ihres achtjährigen Kindes. Nach einem Scharlach litt es an furchtbaren Ohrenschmerzen. Das Kind stand oft nachts auf und legte sich auf den Fussboden. Etwas Schwarzes sei da, dem müsse es gehorchen. Der Priester segnete das Kind. Die Mutter kam Tage später. «Ich bin Ihnen so dankbar», sagte sie. «Mein Kind sagt, das Schwarze — es sei ein schwarzes Tier gewesen — käme nicht mehr ins Zimmer, sondern nur mehr in den Nebenraum.» Das Kind wurde geheilt.

Ähnlich lag der Fall bei einem fünfjährigen Buben. Der Kleine hatte eine Reihe von Erkrankungen durchgemacht mit den merkwürdigsten Begleiterscheinungen. Die Eltern baten Pater von Lama in einem Brief um Hilfe. Severin verwies auf geweihte Öle, von denen sie jedem Essen einen Tropfen beigeben sollten; ausserdem möge der Pfarrer des Ortes das Kind segnen. Er tat es und bekam selbst für drei Tage eine schwere Lungenerkrankung. Der Zustand des Buben aber besserte sich.

Eine andere Mutter kam mit ihrem kleinen Jungen, einem störrischen Kind. Nicht ein einziges Mal habe es «Ja», gesagt. Der Priester riet zu Gebet und Gebrauch des Weihwassers. Tage später berichtete die Mutter: das Kind habe zum erstenmal gebetet.

Im Lechtal hatte Pater von Lama einmal zweihundert Menschen zu segnen. Er forderte die Leute auf, im Namen Jesu zu bitten, wenn ihre Gesundung zur grösseren Ehre Gottes gereiche, so möge sie Gott schenken. Sonst möge er das geben, was seine Weisheit als das Bessere erkennt.

DAS KRIEGSENDE

Das Kriegsende erlebte Pater von Lama in Volderwildbach. Der Ort wimmelte von geflüchteten Parteifunktionären. Am 3. Mai 1945 verkündete der Wirt des Ortes strahlend seinen Gästen: Jetzt hätten sie ausgespielt, die Amerikaner zögen in Innsbruck ein.

Das war eine Aufregung! Immer noch gab es Menschen, die bis zuletzt und gegen jede Vernunft an den Sieg glaubten. Hitler hatte erklärt, wer als Soldat Selbstmord begehe, sei heeresunwürdig und dürfe nicht mit militärischen Ehren begraben werden. Er jedoch tötete sich selbst. Am 9. Mai 1945 wurde der Waffenstillstand verkündet. Der Traum vom tausendjährigen Reich war ausgeträumt.

Hatte früher Hitler als eine Art Gottheit und als Genie gegolten, so nannten ihn jetzt viele einen Verbrecher. Andere bezeichneten ihn als Irrsinnigen oder als Dämonisierten.

Severins Mitbrüdern nach sollte vom Unheil, das die NS-Zeit angerichtet hatte, nicht mehr gesprochen werden. Dagegen wehrte sich Pater von Lama. Im Gegensatz zu seinen Mitbrüdern prangerte er nach dem Krieg die Verbrechen der NS-Zeit an. Denn seine Nächstenliebe verlangte: niemand sollte sich seines ergaunerten Ansehens und Vermögens rühmen. Die ehemaligen Parteigenossen sollten die faulen Grundsätze des Nationalsozialismus erkennen. Ewige Werte stünden ihnen gegenüber. Diese Werte aufzuzeigen, würde ein Leben lang seine Aufgabe sein. Eine andere Frage war die: Wie heile man die grosse Wunde, die der Krieg geschlagen hatte: Tote, Krüppel, Vermisste, Sachschaden, von der geistigen Not nicht zu reden. Wie viele, die an die Schlagworte 'Führer und Vaterland' geglaubt hatten, fanden nach dem Krieg keinen Lebenssinn mehr. Denn ihre falschen Ideale waren zusammengebrochen. «Nur wer auf den Felsen Petri baut, dem kann geholfen werden», feuerte Pater von Lama seine Mitbrüder an.

Bei Exerzitien auf der Kronburg entzündete er die Gemüter junger Menschen für den Sühnegedanken: Die Menschen wahrhaft lieben, heisst, an ihrem Heil interessiert sein. Wo immer der Nächste sich selbst von seinen Fehlern befreien konnte, konnte man für ihn opfern, für ihn sühnen und Gott für seine Gnade bitten. Was ihnen Pater von Lama sagte, wozu er sie anregte, das gefiel den jungen Leuten. Einige von ihnen, die an diesen Exerzitien teilgenommen hatten, wählten später den Klosterberuf.

In Innsbruck erreichte Pater von Lama die Nachricht: In Weidring, wo er den vier Männern Unheil angedroht hatte, hatte sich das Schicksal erfüllt. Bei einem Brand war zuerst die Kirche zerstört worden, dann waren die Anwesen jener vier Männer — der Wind hatte immer wieder umgeschlagen — niedergebrannt.

Seine Mitbrüder erfuhren davon und ermahnten ihn: er solle nur nicht über Vergangenes sprechen, zu leicht würden die Betroffenen verbittert. Wie wenig seine Mitbrüder die Menschen kannten. Wussten sie denn nicht, mit welchen Listen ein Mensch sich selbst betrügt? Seine eigenen Fehler verdrängt er; trifft ihn ein Leid, so klagt er das Schicksal an.

Erinnerten sich seine Mitbrüder nicht, wie zäh sich Irrtümer hielten?

In seinen jungen Priesterjahren hatte Pater von Lama noch gegen Auswüchse des Freisinns gekämpft, die aus der Zeit des Josefinismus stammten.

Vorerst einmal hiess es, nicht mit frommer Gebärde die Not hinwegzulügen. Man durfte nicht Menschen, die Böses getan, einlullen in den Wahn, es sei nichts geschehen. In Weidring gebrauchte er absichtlich kräftige Worte gegen das verflossene Nazitum. Nur so konnten sich seine Zuhörer davon distanzieren.

Hatten ihm seine Mitbrüder Misserfolg prophezeit, so sprach das Ergebnis für ihn: fast alle Jugendlichen und Erwachsenen erschienen zu seinen Predigten. Auch die alten Parteifunktionäre vermisste er nicht.

Severin predigte in der alten Schule des Ortes. Zusammen mit dem Kreuz hätten sie Gott einst aus der Schule verbannt. Zu Gott sollten sie zurück, vielleicht sei heute für sie die letzte Gelegenheit. Zur Hälfte hätte das Böse sie schon gepackt. Schlügen sie jetzt die Gelegenheit zur Umkehr aus, würden sie ganz dem Bösen verfallen. Diese Rede verfehlte ihre Wirkung nicht. Selbst die Abgebrühtesten unter ihnen gestanden ihre Fehler und beichteten. Einer von ihnen starb bald darauf.

Nicht nur gegen das Unrecht, das die Nationalsozialisten begangen hatten, ging Pater von Lama vor. Ebenso scharf sah er das der Siegermächte. Er war empört über den Nürnberger Prozess. «Wie kommen die eigentlich dazu, Gericht zu sitzen über Untertanen fremder Staaten?» fragte er in seinem Tagebuch. Geschehe dies etwa vom Standpunkt des positiven Rechts? Das sei nicht möglich. Ob sie vom Naturrecht ausgingen? Dann müsste auch über die Machthaber Russlands gerichtet werden, die Polen angriffen und überfallen hätten. Amerikaner hätten Bomben auf Städte geworfen, und wehrlose Frauen, Kinder und Greise seien zu Tausenden getötet worden. Mit Splittergeschossen hätten amerikanische Flieger auf Zivilisten geschossen. Englische Flieger hätten in Hamburg mit Bordwaffen auf Verletzte gefeuert.

In Garmisch besuchte der Priester eine Dame, die er zu seinen Beichtkindern zählte. Während des Krieges war sie zuerst Anhängerin der Partei, dann scharfe Gegnerin gewesen und als solche zum Tode verurteilt worden. Eine Ärztin hatte sie unter dem Vorwand einer Geisteskrankheit in eine Irrenanstalt unterbringen lassen. Als später auch viele Geisteskranke umgebracht wurden, war es gelungen, die Dame in ein Zufluchtshaus zu bringen. «Und wie geht's jetzt?» erkundigte sich Pater von Lama. «Ach», sagte sie, «es ist doch gut, wenn der Kopf wieder festsitzt.» Und sie griff sich unwillkürlich an den Hals. Sie hatte die Zeit gut überstanden, anders als ein Pfarrer, der seelisch zusammengebrochen war. Die Not des Krieges hatte er nicht verkraftet.

Oder ein Mitbruder Severins: Er litt unter Platzangst, seit ihn die Nazis eingesperrt hatten. Gestapoleute hatten ihn mangelnder Aufsicht bezichtigt, nur deshalb, weil er einen Buben in sein Zimmer geschickt hatte, um ein fehlendes Blatt zu holen. Das Urteil: ein Jahr Zuchthaus. Als sie ihn auf Betreiben des Provinzials frei gelassen hatten, hatte er beeiden müssen, keinem Juristen gegenüber nur ein Wort darüber zu verraten.

Ein Abgrund hatte sich geöffnet, in dem die Bosheit sichtbar wurde. Nach dem Krieg schien er sich wieder zu schliessen. Doch es schien nur so. Denn das Böse wucherte auch jetzt noch, nur in weniger sichtbarer Form.

Da gab es Leute, die das Geld über alles schätzten. «Ich zahle Ihnen jeden Preis», versprach eine Patientin, «wenn Sie mich heilen.»

NUR UNTER ZWEI BEDINGUNGEN

«Nur unter zwei Bedingungen vermag ich zu helfen», sagte Severin. «Erstens: erwecken Sie eine vollkommene Reue.» Da sie nicht verstand, was er damit meinte, fuhr er fort: «Bereuen Sie, dass Sie Gott mit Ihren Sünden beleidigt haben.» Sie lachte kurz auf. «Und wenn ich keine Sünden habe?» fragte sie. Wie so viele Menschen zählte sie auf: «Ich habe nie gestohlen, nie einen Menschen umgebracht. Was wollen Sie?»

Der Priester wurde ernst: «Sie haben nie gelogen, nie einen andern Menschen verleumdet?»

Ihre Achseln sackten ab, aber gleich straffte sie sie wieder. «Wie heisst Ihre zweite Bedingung?»

«Bitten Sie im Namen Jesu um Ihre Genesung.»

«Auf solche Phrasen gebe ich nichts», sagte sie scharf. «Ich biete Ihnen Reales, nämlich Geld.»

«Da sind Sie bei mir an die falsche Adresse gekommen», sagte der Priester.

Eine oberbayrische Bäuerin schickte dem Priester in einem Brief einen 20-Mark-Schein mit.

Protzig schrieb sie: «Da haben Sie 20 Mark. Mit dem Geld können Sie meine Krankheit abbeten.»

Er antwortete ihr umgehend. «Da haben Sie Ihre 20 DM zurück. Nach dem Katechismus müssen Sie wissen, dass solches Abbeten Aberglaube ist.»

Das Geld war nicht die einzige sich ankündende Gefahr. Mit grossem Wortschwall berichtete ein Fräulein, was sie mystisch erfahren hatte. Kühl und höflich verabschiedete sie der Priester. So blieb keine Feindschaft zurück. Anders reagierte er, als eine ältere Frau, angeblich im Auftrag des Erzengels Michael, der Welt eine Botschaft verkünden wollte.

«Haben Sie einen Ausweis Ihres Auftraggebers?» erkundigte sich Pater von Lama.

«Und ob ich ihn habe.» Sie kramte in dem Koffer, den

sie mitgebracht hatte, entnahm ihm ein vollgeschriebenes Blatt nach dem andern und begann ihre Offenbarungen vorzulesen.

«Ich möchte eine echte Legitimation», unterbrach sie der Priester. «Auch damit kann ich dienen», sagte sie, zog eine Papierrolle aus dem Koffer, rollte sie auseinander und breitete sie auf dem Fussboden aus, da der Tisch zu klein war. Die Rolle war noch enger beschrieben als die Blätter. «Sie zweifeln doch nicht, dass mir als einfacher Hausfrau all diese Weisheit nur der Erzengel Michael diktiert haben kann.»

«Ich zweifle nicht, gnädige Frau, dass Sie Ihre Hausfrauenpflichten vernachlässigt haben», sagte der Priester, «und dass ein anderer Urheber dahinter steckt.» Sie wurde plötzlich kleinlaut und versprach, darüber nachzudenken. Dann kamen wieder demütige Menschen, die ihr Leid geduldig ertrugen. «Warum soll ich mein Kreuz nicht tragen», sagte eine Schwerhörige, «wenn ich Christus nachfolgen will.» Sie schrieb bezaubernde Gedichte, ein Beweis, dass ihr Geist nicht abgestumpft war.

Aber nicht nur über sie, die stillen Begnadeten, freute sich Pater von Lama, sondern auch über die vielen Menschen, die willig sein Wort aufnahmen.

Zu ihnen gehörte ein französischer Polizist. Er vertraute sich Pater von Lama an. Warum ausgerechnet er soviel zu erdulden habe?

«Sie haben nichts verschuldet?» fragte der Priester. «Das würde ich nie behaupten», sagte der Polizist. Da lächelte Severin und erinnerte den Mann an die kleinen Ereignisse aus seinem Leben, die einen Kreislauf von schuldhafter Verstrickung eingeleitet hatten. Zu keinem Menschen in der Welt hatte der Franzose darüber gesprochen, ja, an manche der erwähnten Ereignisse erinnerte er sich erst jetzt wieder.

«Aber wie können Sie dies nur wissen?» fragte der Mann. Hilflos wie ein Kind fing er zu weinen an.

Wenn andere einen Menschen als verrückt ablehnten, versuchte Pater von Lama noch zu helfen. «Opfern Sie alles Schwere in Ihrem Leben auf für die sterbenden Todsünder. Nicht einmal, sondern täglich, immer und immer wieder. Der Kreis wird sich öffnen, der Sie jetzt noch umschlossen hält.» Ein Mann, der seinen Rat annahm, wurde in letzter Stunde vor dem Irrsinn bewahrt. Andere hingegen, noch weiter von der Katastrophe entfernt, belächelten diesen Rat. Einer von diesen landete ein halbes Jahr später als hoffnungslos erkrankt im Irrenhaus.

DIE FREUDE KEHRTE ZURÜCK

Wie seltsam, dass Frieden war. Mit ihm kehrte die Freude zurück. Pater von Lama sass im Zug: ein Funke des Leitungsdrahtes überstrahlte alle paar Sekunden die Landschaft mit seinem Licht. Blaugrün, schwarz und silbern färbten sich die Rahmen des Wagenfensters.
«Wie wundervoll», dachte der Priester, «und mein Herz bleibt nicht mehr stumm wie all die Jahre vorher.»
Er dankte, war glücklich, bereute. Wie oft hatte er mit seinem Eigenwillen das durchkreuzt, was Gott Gutes geplant hatte.
Der Priester traf in Oberndorf ein. Im vorigen Jahrhundert hatte dort Muigg gelebt, der Pfarrer des Ortes. Eine Professur für orientalische Sprachen nach Wien hatte er abgelehnt und war lieber Dorfpfarrer geblieben.
Ein anderer Pfarrer hatte die Schlafkammer als Totengruft ausmalen lassen. Fröhliche Totenschädel grinsten Pater von Lama an. Er war allein im Pfarrhaus, stöberte nach Büchern und fand sogar die wenigen Bekämpfer der Aufklärungszeit und einen Band chinesischer Lyrik. Severin blätterte darin. Schade, der Übersetzer hatte zu pedantisch gearbeitet. So hatte er jede Stimmung erdrosselt. Der Priester nahm Papier und Bleistift und verbes-

serte die Übersetzung eines 2000 Jahre alten Gedichts. «Der Mond steht glänzend am Himmel, ich lösche die Lampe aus.» Ja, so musste es heissen.

Am nächsten Tag wanderte Pater von Lama zwischen den Gräbern des Dorffriedhofs und bewunderte die schmiedeeisernen Kreuze. Es gab auch weisse Marmorgräber mit blauen Adern. Die rührten wohl von einer Kupferglasur her. Der Priester forschte später nach und richtig: man bestätigte ihm, dass hier einmal Kupfer gewonnen worden war.

Dies lohnte sich gewiss nicht mehr. Aber in St. Jodok den Diorit wieder abzubauen und mit der Kraft des vorüberfliessenden Wassers zu schleifen, das wär's. Rahmgelb, blaugrün und schwarz ergäbe dies ein Schmuckgestein, das dem Ophikatyil von Navis nicht nachstehen würde.

Der Priester stand vor dem Grab eines gefallenen Fliegers. Die Bauern hatten auf das Birkenkreuz einen zertrümmerten Sauerstoffbehälter gehängt. Tage später kam ein französischer Offizier vorbei und nahm den Behälter als Souvenir mit. Ihm fehlte das tiefe Gefühl der hiesigen einfachen Bauern.

Ein letztes Mal besuchte der Priester Therese Neumann. Lange unterhielt er sich mit ihr. Es gelang ihm, einen Dokumentarfilm über ihre Ekstase zu bekommen, den er im Kloster seinen Mitbrüdern vorführen liess.

EIN JOURNALIST BAT UM EIN INTERVIEW

Ein Journalist hatte Ende 1948 von Pater von Lamas Segenstätigkeit gehört und bat ihn um ein Interview. Gern erklärte der Priester, unter welchen Bedingungen er allein heilen könne. Er vermeide bewusst jede Suggestion. Kaum war der Bericht erschienen, als pausenlos von 8 Uhr früh bis 21 Uhr 30 die Hausglocke oder das Telefon im Kloster klingelten. Ein Besucheransturm folgte. Man stellte im Hausflur Sessel für die Wartenden auf. Der Pförtner zählte nach kurzer Zeit 1000 Besucher, dann gab er verzweifelt auf. Er kam seiner Arbeit nicht mehr nach.

Wieviele Tränen des Leids sah der Priester. Wieviel Bangen, Sehnen, wie gross war die körperliche und die seelische Not. Viele Besucher beichteten.

Gehbehinderte kamen, Mütter, mit einem kleinen Kind auf dem Arm, Blinde, die sich führen liessen. Stösse von Briefen beantwortete er.

Auch eine italienische Zeitschrift hatte über ihn berichtet und die Folge war: Briefe über Briefe aus Italien. Viele Italiener reisten nach Innsbruck, um Pater von Lama als einen 'Santo' zu verehren.

Mitunter kamen Besucher mit den seltsamsten Anliegen. «Sie haben mir schon einmal geholfen», erzählte eine Bäuerin, «tun Sie es noch einmal. Der Nerv vom rechten Fuss ist mir in die rechte Schulter gehüpft.»

Eine mundstarke Dame beklagte sich, ihr Mann spräche sich zu gern mit andern Frauen aus. «Was soll ich bloss tun?» «Lassen Sie ihn auch einmal zu Wort kommen», unterbrach sie der Priester.

Die meisten Leute wollten sich aussprechen. Immer wieder kamen Menschen mit schwerstem Lebensleid. Er tröstete sie und erschloss ihnen den Wert ihres Leidens:

Es gäbe keine Einsamkeit, die nicht ihren Sinn habe, kein körperliches oder seelisches Leiden, das nicht, willig ertragen, zur grösseren Ehre Gottes gereiche.

Oft segnete der Priester hundert bis zweihundert Menschen am Tag, ja, bis hinein in die Nacht.

Ein Gelähmter wurde von seiner Frau und vom Chauffeur ins Sprechzimmer getragen. Der Priester ermahnte ihn, vollkommene Reue zu erwecken und im Namen Jesus um Heilung zu bitten. Ernst nickte der Gelähmte. Der Priester segnete ihn. Sogleich spürte der Kranke, wie es seinen Körper heiss durchrieselte. «Das hilft», schrie er, «ich kann gehen.» Und er wagte die ersten Schritte nach vielen Jahren, von seiner Frau und auf seinem Stock gestützt. Von Arzt zu Arzt war der Leidende gepilgert, keiner von ihnen hatte ihm auch nur einen brauchbaren Rat geben können. Vor dem Haus sagte der Kranke: «Aber jetzt lasst mich allein gehen.» Vorsichtig, Schritt für Schritt, ging er auf seinen Wagen zu. Eine Stunde später rief der Chauffeur des Gelähmten den Priester an. Der Mann sei die Treppe zu seiner Wohnung hochgestiegen.

«Die Heilung hat mich beeindruckt», gestand er. «Darf auch ich einmal mit meiner Frau kommen?»

Dann gab es wieder die vielen kleinen überraschenden Ereignisse. Besucher forderten Dinge, über die man nur den Kopf schütteln konnte. So bat eine Dame um 'Rückenstützung' gegen die Launen ihres Mannes.

Ein Italiener bat, ihm die Glückszahl bei der Lotterie zu verraten. Diese Menschen begriffen nicht, um was es ging. Andere verstanden.

Ein Dechant, ein rosig aussehender Mann, schmeckte das gesegnete Wasser als Minzentee. Diesen Geschmack zu spüren, deutete Pater von Lama als Blutarmut; in diesem Fall stimmte es wohl nicht. Das Rätsel löste sich. «Heute leide ich an Blutarmut», sagte der Dechant. «Denn mein Arzt hat mich zur Ader gelassen.»

Wo immer der Pater gewesen war, kannte man ihn. «Pater, Pater», riefen in einem kleinen Ort zwei Mädchen und liefen ihm nach. «So warten Sie doch!» Und aufgeregt erzählten sie: «Sie haben unserer kleinen Schwester geholfen. Wissen Sie nicht mehr, wie sterbenskrank sie war. Jetzt lächelt sie schon.»

WIEDER FARBEN

Der anfängliche Spott der Mitbrüder war verstummt. Pater von Lama hatte zwei seiner Mitbrüder in Liefering geheilt, und die sorgten für gute Nachrede.

Auch der jetzt amtierende Pater General, ein Südseemissionar, hatte von Pater von Lama gehört. Bei seinem Europabesuch sprach er sich mit ihm aus. Er liess sich genau erklären, wie Pater von Lama heile.

«Gott segne und stärke Sie», sagte er zum Abschied. Und zögernd, leise: «Ich bedaure Sie tief. Wie einsam müssen Sie sich oft fühlen.»

Ja, wie oft fühlte er sich verlassen. Da aber ein Mensch dies ausgesprochen hatte, war jetzt alles besser. Pater von Lama dankte Gott dafür, dass Pater General ihn verstanden hatte.

Auch der jetzige Superior überraschte Pater von Lama. «Sie wollen doch Farben? Wie ich höre, haben Sie früher gemalt.»

«Vor 40 Jahren», sagte Severin. «Ich weiss nicht, ob ich überhaupt noch malen kann. Ich habe nicht mehr darauf gehofft.» «Sie werden es versuchen», sagte der Superior und schenkte ihm Farben.

Am Abend in seinem Zimmer legte sie Severin nebeneinander. Wie viele es waren. Altarbilder konnte er damit malen. Die Mission würde sie brauchen.

Welch eine Zeit der Freude, der Dankbarkeit!

Als der Inn Hochwasser führte, lebten Severins geologische Interessen neu auf. Seiner Ansicht nach verursachten Klimaschwankungen dies. Wie immer, wenn seine Ansicht eine andere war, lachten die Mitbrüder über ihn. Wussten sie nicht, dass unsere Gletscher seit Jahren zurückgingen? Man könnte dies einer wärmeren Sonnenbestrahlung zuschreiben, mutmasste er, würden nicht zur selben Zeit die Eiskappen des Südpols zunehmen. Und wieder interessierte ihn die Naturwissenschaft. Am meisten beeindruckte ihn die atomare Forschung. Grossartig bezeichnete er sie, würde sie der Mensch doch zum Guten auswerten. Aber die Amerikaner hatten eine Atombombe auf Japan geworfen. Wieviele Todesopfer hatte sie gefordert! Unzählige Menschen waren erkrankt für ihr ganzes Leben.

Mit seinem Erfindergeist sollte der Mensch Gott loben und ihm dienen. Warum tat er es nicht? Jede Absonderung verkehrt die beste Erfindung in Zerstörung.

Trotz allem: Auch im Dunkel wirkte Gottes Gnade. Die Menschen fühlten sich unsicher durch die entfesselte stoffliche Kraft. Mehr als je zuvor. Selbst Tyrannen bangten um ihr Leben. Man war an den Rand gekommen, hinter dem das totale Chaos gähnte. Mussten die Menschen in solcher Lage nicht vorstossen zum Urquell? Aber noch war es nicht so weit. Noch tanzten die Menschen um das Goldene Kalb. Unersättlich suchten sie nach materiellen Gütern und beuteten den Boden aus. Die Jugend, allein gelassen in ihrem Problem, betäubte sich. Wie verriet dies die moderne Musik: sie trieb, sie stiess weiter, sie kannte nicht die Ruhe. Sie jaulte, hämmerte, klopfte im Rhythmus. Sie wurde als die Musik aller Zeiten gepriesen.

Im Radio hörte Severin von einem Amerikaner: Melodien erfinden könne bald einer, aber sie in einen andern Rhythmus bringen, dazu gehöre Genie. Welch ein Unsinn! Hatte nicht ein amerikanischer Ingenieur den Polykrapt erfunden? Mit seiner Hilfe lassen sich unzählig viele geometrische Ornamente anfertigen. Eines Genies bedarf es dazu bestimmt nicht. Ebenso, meinte Pater von Lama, liesse sich unschwer eine auswechselbare Blechschablone denken, die einen musikalischen Takt darstellt. Eine elektrische Feder könnte diesen Takt durch beliebige Einkerbungen für Unterteilung hörbar machen. Dies würde den ursprünglichen Rhythmus verzerren und dennoch Rhythmus bleiben.

1949 starb sein Bruder Karl. Von seinen Geschwistern lebte nur mehr Camill.

Im Kloster waren viele Mitbrüder an Grippe erkrankt. Zuletzt traf es auch Severin. Er konnte bei dieser Krankheit nicht lesen wie seine Mitbrüder. Ein Filmband von Vorstellungen rollte vor ihm ab. Nur mit grösster Willensanstrengung gelang es ihm, weder lieblos zu sein, noch in Sinnlichkeit zu fallen. Jeder Nerv schmerzte ihn. Jeder Hustenanfall löste Krämpfe und Erbrechen aus. Die linke Brustmuskulatur war angegriffen. Länger als die andern musste er das Bett hüten, und immer wieder war ihm, als versinke er in tiefste Nacht. Endlich durfte er aufstehen. Hell glänzte der Tag im Sonnenlicht. Herrlich war dies.

Dies Gefühl steigerte sich, als er sein 40. Priesterjubiläum feierte. Wie anders gestaltete es sich als die früheren. Sein Superior, ein ehemaliger Schüler, hielt eine Ansprache. «Wie dünn war in Ihrem Deutschunterricht der Vorhang zwischen Diesseits und Jenseits», sagte er.

Er überreichte ihm ein Papstbild, auf dem für Pater von Lama der päpstliche Segen geschrieben war. Die Fratres sangen. Dann stellten sie Pater von Lamas Bilder aus. Auch Geistliche waren zur Feier erschienen, denen er öfters ausgeholfen hatte. Es war ein Tag klösterlicher Gemeinschaft wie seit langem nicht mehr.

Vor dem Schlafengehen kniete Pater von Lama lange vor dem Muttergottesbild in seinem Zimmer und dankte für den schönen Tag.

VIELEN GEISTESKRANKEN KÖNNTE GEHOLFEN WERDEN

Wieder war Frühling: Blumenwiesen, dunkler Wald, Schneerinnen. Einer Kulisse gleich hob sich in Igls ein zweiter Wald- und Wiesengürtel von den Wänden der

Nordkette ab. In Ellbögen — der Ort liegt an den Hängen des Wipptals wie angeklebt — weitete sich der Blick. Vor Severins Fenster blühte ein Marillenzweig — zärtliche, weisse Blütenblätter steckten in kirschrotem Kelch. Dieser Anblick stärkte den Priester für seinen Alltag. Er dachte nachts, wenn er schlaflos lag, an die Kranken. Wenn im Kloster die Hausglocke läutete, ging er oft selbst zur Pforte. Er war dankbar, dass Gott ihm die Gabe der Heilung geschenkt hatte. Durch sie kam er direkt an die Menschen heran. Nicht selten war ihm, als sehe er durch sie hindurch in die Tiefe ihrer Herzen, dorthin, wo der Mensch sich entscheidet für Gut oder Böse. Was andere als Neurose oder Geisteskrankheit bezeichneten, da ahnte er, in welch schuldhaften Verstrickungen sich die Menschen befanden. Über eine Frau, die der Psychiater als manisch depressiv bezeichnet hatte, sagte er: «Sie ist unter anderem auch krank.»

Vielen Geisteskranken — dies war seine Ansicht — wäre zu helfen: Sie müssten auf ihre Hauptsünde verzichten und das Kreuz ihres Charakters auf sich nehmen. Sie müssten Gott lieben, und ihm Freude machen. Ein tägliches oftmaliges Gebet für die sterbenden Todsünder betrachtete er in solchen Fällen als wirksamstes Hilfsmittel. «In den Irrenhäusern gibt es viele Besessene, denen geholfen werden könnte», behauptete er.

Einmal liess er einer Frau, die durch parapsychologische Spielereien dem Irrsinn verfallen war, ausrichten: nicht auf Ausserordentliches komme es an, sondern auf den Alltag. «Wohin uns Gott stellt, dort müssen wir unsere Pflicht erfüllen», sagte er. «Nur so machen wir dem Vater im Himmel Freude.»

«Sie müssen Ihr Leben ändern», sagte er einer Frau mit verbrecherischen Anlagen, «nur so werden Sie gerettet.» «Sie kommen vom Mund auf (Tiroler Mundart, bedeutet: sofort nach dem Tod) in die Hölle, wenn Sie weiterhin verleumden und das Leben anderer zerstören wie bisher», sagte er einer Besucherin. Und er erzählte ihr in Einzelheiten, was sie getan hatte. Zuerst wagte die Frau zu leugnen, dann gab sie zu und brach in Tränen aus.

Einem Mann, der fortgesetzt verleumderische Briefe geschrieben hatte, verweigerte er sogar die Absolution. «Es wäre ein Missbrauch des Sakraments gewesen», schrieb er in sein Tagebuch. «Ich wollte noch für ihn beten, erkannte dann aber die unfassbare Bosheit.»

Bei solchen Besuchern war ihm die Sehergabe eine schwere Last. Um wieviel einfacher waren die körperlich Erkrankten. «Ihr Leiden stammt aus einer Vereiterung des rechten, oberen Schneidezahns», erklärte er einer Frau. «Unmöglich, Hochwürden», sagte sie. «Ich komme vom Zahnarzt. Er hat jeden meiner Zähne geröntgt. Alle sind in Ordnung.» Der Priester beharrte bei seiner Behauptung. Dies gab der Frau zu denken. Sie kehrte deshalb zum Zahnarzt zurück und bestand darauf, den bezeichneten Zahn zu öffnen. Und siehe da! Was Pater von Lama behauptet hatte, erwies sich als wahr.

«Sie sagen, Ihr Arzt findet Ihr Herz in Ordnung», sagte der Priester einer Besucherin. «Ich rate Ihnen dringend, suchen Sie einen anderen Arzt auf. Sonst haben Sie in spätestens vier Jahren einen Herzinfarkt. Es ist fraglich, ob Sie durchkommen.» Sie glaubte ihrem Arzt mehr als dem Priester. Vier Jahre später traf ein, was Pater von Lama vorausgesagt hatte. Die Frau rang um ihr Leben.

Wie anders waren Leute, die ihm vertrauten. Ihnen war leicht zu helfen. Auch dann, wenn nicht der Leidende selbst an die Hilfe glaubte, sondern ein anderer für ihn. Ein Fräulein bat für ihren Nachbarn, einen alten Mann. Der Arzt hatte Magengeschwüre diagnostiziert. Es sah aus, als würde der Mann die Nacht nicht mehr überleben. Mit seinem Fernsegen heilte Pater von Lama den Kranken.

NUR TELEPATHIE

Professor Weber bat den Priester, seine Heilungserfahrungen zu erklären. «Lassen sie sich mit Telepathie allein erklären?» fragte sich der Pater, «wenn ich die Krankheiten so vieler Patienten oft tagelang im voraus weiss?» Er dachte an eine Art magnetischer Resonanz. Aber wie sollte sie wirken bei Personen, die er nie zuvor gesehen hatte und die niemals vorher über ihn gehört hatten. Zufällig kam er mit ihnen in der Bahn zusammen wie mit Hunderten von anderen Personen.

Einmal während des Krieges verspürte er alle Symptome einer Magensenkung. Ein und eine halbe Stunde später auf der Fahrt von Alpbach nach Brixlegg sass er im überfüllten Zug einer Frau gegenüber, die wegen dieses Leidens in die Innsbrucker Klinik fuhr. Er segnete und heilte sie. Ein anderes Mal spürte er auf dem Weg zum Bahnhof Lichterscheinungen im linken Auge. In seinem Zugabteil fragte er dann eine ältere Frau, ob sie an Sehstörungen leide. Die erstaunte Frau beschrieb ihm genau die Lichterscheinungen, die er noch verspürte. Er heilte sie. 1971 sass Dr. Lugger, später Arzt in Salzburg, in seinem Sprechzimmer, als es an der Tür klopfte. Pater von Lama rief: «Draussenbleiben!» Er erklärte dem Arzt, jetzt käme ein Patient mit fortgeschrittenem grünem Star. Herein trat der 80jährige Roman Fatsch aus St. Anton, der tatsächlich an dem genannten Gebrechen litt. Der Schmerzen wegen wollte er sich die Augen herausnehmen lassen. Pater von Lama tröstete ihn: «Gott kann alles. Er kann Sie auch heilen. Vertrauen Sie ihm.» Er segnete den Patienten und mit ihm Dr. Lugger. Dieser Arzt meldete ihm am nächsten Tage: Der Kranke habe bis zum Morgen in einem medizinisch unerklärlichem Masse erbrochen. Jetzt sei er völlig gesund. Roman Fatsch lebte noch sieben Jahre und erfreute sich seiner Sehkraft. Dann starb er an Altersschwäche.

Im selben Jahr rief Pater von Lama beim Pfarrer in Langsthal am Abend ins dunkle, unerleuchtete Zimmer hinein: Von den 23 Personen, die hier seien, solle zunächst jene kommen, die rechts einen Bruch des Fussknöchels gehabt habe, dann die mit herausoperiertem Blinddarm, und so nacheinander alle dreiundzwanzig.

1964 verspürte er einen Schmerz im Nacken. Er bat den Frater S. — der Name ist nicht näher angegeben — seinen Nacken anzuschauen. Der meinte, ein Furunkel sei da und schon reif zum Aufbrechen. In den nächsten Minuten wurde Pater von Lama ins Wartezimmer gerufen zu einem Herrn aus der Schweiz, der an einem Furunkel litt. Der Priester segnete den Herrn, worauf eine halbe Minute später nicht nur das Leiden des Besuchers, sondern auch sein eigenes abklang.

Ob Telepathie hier noch zutrifft? Pater von Lama litt an Augenschmerzen. Deshalb erwartete er einen Besucher mit diesem Leiden. Eine Schwester überreichte ihm den Brief einer Mitschwester. Er öffnete den Brief und las ihn einem erstaunten Mitbruder vor: « . . . schicken Sie meiner Schwester in Wiener Neustadt den Fernsegen. Sie leidet an Schwund des Sehnervs.»

Meine Mutter besuchte ein erstes Mal Pater von Lama, als er sie mit der Frage empfing: «Sind nicht Sie die Frau, die heute Nacht um drei Uhr starke Rückenschmerzen gehabt hat? Um fünf Uhr waren die Schmerzen an den Halswirbeln. Gegen sechs Uhr konnten sie erst einschlafen.» «Mein Gott, ja», antwortete meine Mutter, «aber wieso wissen Sie das?»

Ein Arzt war anwesend, als Pater von Lama erklärte: «Die nächste Person, die den Raum betritt, hat zwei Rippen herausoperiert.» Ausserdem nannte er noch fünf ihrer Leiden. Es stimmte.

Bevor der nächste Besucher das Zimmer betrat, sagte er von diesem: «Er hat seit seiner Kindheit eine Narbe auf dem Rücken.» Auch dies traf zu. Der Patient hatte längst nicht mehr daran gedacht.

Manche Kranken hielten ihn wegen seines Wissens für einen Heiligen. «Das bin ich gewiss nicht», sagte der Priester. «Ob ein Esel einen Sack Gold trägt oder einen Sack Heu, er ist und bleibt ein Esel. Ich heisse Lama. Ein Lama ist ein Grautier, das Lasten trägt.»

SÜDSEEGEBIETE

«Gehet hinaus in alle Welt», hatte Christus am Himmelfahrtstag die Seinen geheissen. Auf diesen Satz ging alle Missionstätigkeit zurück.

Immer wieder machten die Missionare in Innsbruck Zwischenstation. Sie kamen und gingen in alle Welt: Australien, Nordamerika, Neupommern. Auch ein einstiger Schüler, an dem Pater von Lama soviel Spass gehabt hatte, weilte zur Zeit im Innsbrucker Kloster. Aus Mangel an Talent war er nicht Priester, sondern Bruder geworden. In der Südseemission hatte er Aussätzige gepflegt, dann eine Prüfung für Küstenschiffahrt gemacht. Jetzt versorgte er die Uferstation. Jedesmal liefen die Schwarzen zusammen, wenn sie sein Schiff, die 'Theresia' sahen. Er erzählte lebhaft von der Südsee.

Noch immer war sie Severins Traumland. Ach ja, alte Liebe rostet nicht, auch wenn man noch so vernünftig sein will. Immer noch beschäftigte er sich mit ethnographischen Studien: Polynesier durchzogen einst die Südseegebiete. Sie mischten Rohmaterial mit zerbröselten Vogelknochen. Vor den Polynesiern hatten die alten Melanesier gelebt und viel früher die fast ausgestorbenen Zwergvölker. Sie hatten noch an einen Gott geglaubt. Die Baininger, ein wildes Bergvolk, das die Insel Neupommern bewohnte, war entweder mit den Papuas oder den Australiern verwandt, die Salanier hingegen mit den schwarzhaarigen Kannaken.

Im Verlauf des Studiums entdeckte Pater von Lama die Völkerbrücke zwischen Mittelamerika und Tibet. Zu ähnlich waren die älteren mittelamerikanischen Götterbilder mit denen des alten östlichen Tibet.

Ein Missionar hatte den «Pantschen-Lama», welcher neben dem Dalai-Lama der wichtigste Hierarch des Lamaismus ist und der als Inkarnation des Buddha Amithaba gilt, persönlich kennengelernt. Dieser Pantschen-Lama war von den medizinischen Kenntnissen des Missionars so beeindruckt gewesen, dass er ihn sofort zum Sekretär und Leibarzt hatte ernennen wollen.

«Bei der beständigen Erlösungssehnsucht jener Menschen», schrieb Pater von Lama, «wäre dies der richtige, unverzerrte Weg, zur ganzen Wahrheit zu gelangen: Beschauliche Orden und Krankenpflege in Tibet.»

Ach, wäre er dort. Aber augenblicklich riss er sich in die Wirklichkeit zurück. Nur keine Träume. Wo Gott ihn hingestellt hatte, dort war der beste Platz.

Sein Alltag waren die Kranken und immer wieder Aushilfen in den Pfarreien. Was er bei solchen Aushilfen an wunderlichen Dingen erlebte!

Da waren einmal die Pfarrer: meist um das Gute des Menschen bemüht. Aber manche, gewohnt, dass ihr Wort galt durch Jahrzehnte, vertrauten ausschliesslich ihrer eigenen Meinung.

Vergeblich ermahnte Pater von Lama in einem der hochgelegenen Schiefertäler Tirols einen Pfarrer, seine einseitige Pflanzenkost umzustellen. Die Folge: der Pfarrer, ein noch junger Mann, verlor seine Zähne.

Einem andern sagte Pater von Lama Krankheit voraus, wenn er sich nicht von einem Arzt behandeln liesse. Doch der Pfarrer kümmerte sich nicht darum. Monate später lag er unheilbar im Krankenhaus.

Schlimm war es, wenn sich Pfarrer in pseudomystischen Angelegenheiten nicht beraten liessen. «Posaunen Sie nichts aus», hatte Pater von Lama dem Pfarrer von Heroldsbach geraten, wo angeblich einigen Kindern die Muttergottes erschienen war. Der Pfarrer, begeistert darüber, dass sich ausgerechnet in seiner Gemeinde wunderbare Dinge ereigneten, schwieg nicht. Die Folge: Die Leute pilgerten hin, alle Zeitungen berichteten darüber und machten sich lustig.

«Wozu kocht man die beste Suppe», vermerkte Pater von Lama in seinem Tagebuch, «wenn sie nachher ein Pfarrer versalzt.»

DAS RASENKREUZ

Schlimmer noch als diesem Pfarrer erging es der Bäuerin Aloisia Lex, Eisenberg, Burgenland. Im September 1956 entstand auf ihrem Grundstück über Nacht im satten Grün des Grases eine messerscharfe, lateinische Kreuzform aus welkem, hellem, fast dürrem Gras. Der Revierinspektor der Ortsgendarmerie, Willibald Neuherz, wurde beauftragt, das Phänomen zu untersuchen. Er stand bald vor einem Rätsel, da seiner Meinung nach eine mechanische oder chemische Ursache auszuschliessen war. Frau Lex betete täglich stundenlang vor dem Kreuz. Obwohl der damalige Ortspfarrer die Echtheit des Rasenkreuzes anzweifelte, kamen dennoch Leute aus der näheren und weiteren Umgebung und beteten vor dem Kreuz oder spotteten darüber. In gemässigtem Rahmen blieb dies solange, bis nach mehr als einem Jahrzehnt zwei Menschen in Eisenberg eintrafen: Zuerst eine Frau Mayr aus München, dann Josef Lagler, der zum Kaplan von Eisenberg berufen worden war.

Frau Mayr gab vor, von Bischof Graber aus Regensburg geschickt worden zu sein, um Frau Lex zu helfen. Die einfache Bäuerin vertraute Frau Mayr ohne Rückhalt und gab ihr ihre Gedanken preis. Diese Gedanken, so sagte Frau Meyr, seien Botschaften der Muttergottes an die sündige Welt. Frau Mayr schrieb sie nieder, mengte eigene Ansichten dazu, die Angst als Druckmittel dämonischen Ursprungs benutzend. Kaplan Lagler bezweifelte zuerst die Echtheit des Rasenkreuzes, um sich später nach angeblichen Visionen dazu zu bekennen. Noch heute bezeichnet er es als Symbol für die niedergetretene Liebe Gottes.

Bald pilgerten Tausende, ja Zehntausende zum Rasenkreuz, Beter wie Spötter, und die Zeitungen berichteten darüber. Die kirchliche Behörde schaltete sich ein, und Frau Lex wurde aufgefordert, sich von einem Wiener Psychiater auf ihren Geisteszustand untersuchen zu lassen. In ihrer Not floh sie zu Pater von Lama. Sie redete über ihr stundenlanges tägliches Gebet, und dass sie jedesmal glaube, nur kurz gebetet zu haben. Dagegen sei nichts einzuwenden, urteilte Pater von Lama, sofern dies weder ihre Gesundheit noch ihre Arbeitsfähigkeit beeinträchtige. Doch möge sie nicht glauben, dass bei jedem frommen Gedanken unmittelbar Gott einwirke. «Solche Gedanken drängen sich aus Ihrem Unterbewusstsein als Erinnerung auf», sagte er. Auch warnte er vor dämonischem Fremdeinfluss. «Die Muttergottes», sagte er, «ist keine Klatschbase, die ganze Bücher diktiert, und schon gar nicht über das baldige Ende der Welt.» Auf seinen Rat hin liess sich Frau Lex vom Innsbrucker Psychiater Professor Neubauer untersuchen. Der Professor bezeichnete die Bäuerin als eine schlichte Frau, voll aufgeschlossen für die Erfahrung der Wirklichkeit; doch meinte er, für das Jenseitige sei er nicht zuständig. Die kirchliche Untersuchungsbehörde lehnte die Bescheinigung von Professor Neubauer als «nur privat» ab. Frau Lex musste sich noch einmal von einem von der kirchlichen Untersuchungsbehörde für sie bestimmten Psychiater untersuchen lassen. Nach einem Vermerk Pater von Lamas in seinem Tagebuch war diese Untersuchung nicht ganz einwandfrei.

Wieder besuchte Frau Lex Pater von Lama, diesmal mit

Frau Mayr, die Pater von Lama als den «bösen Geist der Frau Lex» bezeichnete. Der Pater fragte Frau Mayr sofort, ob sie Anhängerin des Franzosen Collin sei, der sich Clemens XV. nannte und sich einbildete, ein Gegenpapst zu sein. Nach einer angeblichen Marienvision hatte dieser den Untergang der Welt für einen bereits abgelaufenen Tag verkündet und sich damit selbst sein Urteil gesprochen. Frau Mayr leugnete zuerst, mit Collin in Verbindung zu stehen. Dies war keineswegs ihre erste Lüge, denn sie war auch nicht — wie sie vorgegeben hatte — von Bischof Graber nach Eisenberg geschickt worden, sondern von Collin, dessen erste «Bischöfin» für Deutschland sie war.

Eines Tages traf ihr Herr und Meister in Eisenberg persönlich ein, aber es verlief alles anders, als er und Frau Mayr gehofft hatten: Frau Lex hörte ihn nicht einmal an, und er wurde von Eisenberg abgeschoben. Am nächsten Morgen log Frau Mayr abermals: die Jungfrau Maria hätte erklärt, wenn jetzt der Bischof von Eisenstadt und mit ihm die katholische Kirche nicht sofort das Rasenkreuz anerkenne, würde die Kirche mit ihrem Papst vernichtet — Paul VI. war damals Nachfolger Petri —, und Gott Vater — so Frau Mayr — würde dann eine neue Kirche gründen mit Collin als Papst Clemens XV. Nur zögernd sagte sich Kaplan Lagler von Frau Mayrs Aussagen los, während Pater von Lama diese Erklärungen laut als haarsträubenden Unsinn auswies. Frau Lex aber war nach Tagebuchaufzeichnungen Paters von Lama «der Frau Mayr zu hörig», um ihr gleich den Laufpass zu geben. Erst als Frau Mayrs ganzer Schwindel aufflog, und der Bischof von Eisenstadt Frau Lex aufforderte, Frau Mayr zu entlassen, tat sie es. Laut Tagebuchaufzeichnungen Paters von Lama bezeugte Kaplan Lagler: Frau Lex habe ihm gestanden, dass sie die durch Frau Mayr aufgezeichneten Warnungen Mariae aus eigenem Denken bestätigt habe. Dies meldete Pater von Lama sofort dem

Bischof von Eisenstadt, der Frau Lex jedoch erklärte er: «Wenn die Pilger in der Pfarrkirche des Ortes ihre Sühneandachten halten, ist alles in Ordnung. Sie dürfen nachher vor dem Kreuz beten. Doch göttliche Auskünfte müssen Sie als ungehörige Zumutungen abweisen.» Frau Lex sagte ihm: sie gehöre jetzt nur mehr dem lieben Gott, ihrem Mann und ihren Kindern.

Als Pater von Lama zwei Jahre später erfuhr, Frau Lex liesse Schriften eines Salesianerpaters über Eisenberg verbreiten, untersagte er ihr dies streng. Der Salesianerpater mache sich des Ungehorsams gegen seine Oberen schuldig, die ihm verboten hätten, diese Schrift zu verfassen.

EINER VON IHNEN

Kleine Bäche schneiden tief in den Hang ein und zwingen die Strassen zu zahlreichen Kurven. An manchen Stellen bildet der Flysch runde Formen mit grossen Rasenflächen. Hier liegen die menschlichen Behausungen. Benachbarte Orte trennen oft Höhenunterschiede von fast 1000 Metern, so in Vorarlberg zwischen Rogal und Blons.

In diesen Orten fühlte sich Pater von Lama zu Hause. Er wurde von den Dorfbewohnern aufgenommen wie einer von ihnen.

Am 6. Dezember spektakelten die Burschen auch vor seinem Fenster. Weil Pater von Lama so schön predige, brachte ihm St. Nikolaus ein Geschenk. Solche Erlebnisse freuten den Pater. Er war gemütswarm und sehnte sich nach menschlichem Kontakt. Sogar Nachbargeistliche besuchten ihn. Es war für sie nicht leicht, in einen kleinen Ort verbannt zu sein. Nur selten bot sich ihnen Gelegenheit, sich auszusprechen — so wie jetzt, da Pater von Lama hier war. Er, der Einsame, wusste um ihre Einsamkeit und tröstete sie.

Wie vielfältig das Leben doch war. In Blons beobachtete er eine Katze, die noch nicht lange im Haus war. Man hatte sie von einem andern Tal mitgebracht, und offensichtlich hatte die Katze Heimweh. Müde schlich sie herum. Aber kaum entdeckte sie die erste Maus, war sie nicht mehr zu halten und tollte durch das Haus.

Eine andere Katze legte sich, Tage bevor sie verendete, unter die Wasserleitung. Das schaffte ihr offensichtlich Erleichterung in ihrer Krankheit. Niemand sagte es ihr, sie wusste es durch ihren Instinkt. Wie weise war alles eingerichtet.

Selbst das kleinste Erlebnis fügte sich in ein Ganzes.

Als Pater von Lama wieder im Kloster war, besuchte ihn ein Däne. Nach den ersten Sätzen fragte er den Pater über das Problem des Leidens in der Tierwelt. Pater von Lama redete von der Erbschuld, durch die das Leid in die Welt gekommen war. Das Tier habe kein Bewusstsein wie der Mensch. Sein Leiden sei einem biologischem Zweck unterworfen.

Gott war wie eine gute Mutter. In seiner Kindheit hatte Pater von Lama eine bestimmte Mehlspeise besonders gerne gegessen. Erst kürzlich hatte Pater von Lama sich daran erinnert. Und siehe da: An seinem 70. Geburtstag, den der Pater in Ellbögen verlebte, brachte ihm eine Frau genau die Mehlspeise in einem Karton verpackt. Dass Gott auch so kleine Wünsche erfüllte!

Ein paar Stunden später schlug der Pater zufällig ein wissenschaftliches Werk auf und fand seinen Namen: Lama. Ob der Name dieses Tieres männlich oder sächlich sei, fragte der Autor des Buches.

Solche Erlebnisse berührten Pater von Lama. Wollte Gott ihm damit nicht zeigen, dass er ihn nicht vergessen hatte?

Besonders festlich gestaltete sich der Geburtstagsabend: Pater von Lama hatte Bauernburschen einen Schulungskurs über Malerei gehalten. Heute fand unter denselben

Burschen ein Redewettbewerb statt, den der Pater angeregt hatte und zu dem er geladen war. Nachher sass man lange gemütlich beisammen, und Pater von Lama malte ein Bildchen ins Gästebuch. Dann sang er eines der Lieder, die er selbst gedichtet und komponiert hatte. Das gab ein Hallo — und ihm den Entschluss, seine Talente nicht verrosten zu lassen. Nur nicht verarmen, wenn man älter wird!

Malen machte ihn glücklich. Jede Landschaft konnte man sich bunter, vielgestaltiger vorstellen, als sie in Wirklichkeit war. Die Vorstellungskraft des Paters lebte auf. Zum erstenmal in seinem Leben glaubte er in der Phantasie Vanilleeis zu schmecken, und zwar mit einer Intensität, wie sie die Wirklichkeit nie geben konnte.

Waren seine Sinne feinnerviger geworden?

In Ötz freute er sich über die dort wachsenden fünfundfünfzig Blumenarten, und er stellte fest, dass sechs bis sieben Vogelarten sangen.

Auf einer Aushilfe in Tulfes verglich er die verschiedenen Blautöne von Ehrenpreis, Günsel und Vergissmeinnicht nach ihrer jeweiligen Wirkung auf dem Wiesengrund. Welch ein Reichtum! Aber nur der freut sich daran, der nicht dumpf im übersatten Leben dahintrollt.

Die damaligen Menschen waren aufgeschlossen für das Religiöse. Wie hatte man vor dem Ersten Weltkrieg in naturwissenschaftlichen Ergebnissen geschwelgt. Wie viele hatten sich im Jubel über die Gesetze der Erhaltung von Masse und Energie selbst wie Götter gefühlt und den Wahrheitsgehalt des Offenbarungsglaubens bestritten. Das Gesetz der Entropie — es befasst sich mit der Richtung der nachströmenden Energie — wurde nicht beachtet. Aber laut Entropiegesetz läuft jedes Naturgeschehen hin zu einem Ende. Das heisst: Nicht bloss der Mensch stirbt, sondern auch die Erde und das gesamte Weltall vergeht. Ausserdem steht heute fest: Am Zerfall der Atome lässt sich das Alter der Erde und das des Weltalls berechnen.

Trotzdem gab und gibt es immer noch Menschen, die an die Ewigkeit der Welt glauben. Der Mensch ist frei. Er kann seine Augen vor der Wahrheit öffnen oder verschliessen.

ALS GAST IN DER NERVENKLINIK

Oft wurde Pater von Lama in die Innsbrucker Nervenklinik eingeladen, wo Ärzte, Theologen und Juristen über Grenzgebiete diskutierten. Was verursacht das furchtbare Leiden einer Geisteskrankheit?

Man zitierte die Antworten bedeutender Psychologen. Am besten gefiel Pater von Lama der berühmte Schweizer Psychologe C.G. Jung, der den Religionsmangel als Ursache psychischer Störungen angesehen hat.

Pater von Lama ging noch weiter: viele Geisteskranke — so schrieb er in sein Tagebuch — seien besessen. Diesen Besessenen können nicht Ärzte helfen, sondern nur Priester, die Exorzisten sind.

In seinen letzten Lebensjahren unterwies Pater von Lama Nervenärzte: er erklärte ihnen, wie man Geisteskrankheit von Besessenheit unterscheiden könne.

Er orientierte sich an den Schriften grosser Männer, die über Exorzismus geschrieben hatten. Besonders schätzte er Johann Joseph Gassner, den grossen Gegner der Aufklärungszeit.

Pater von Lama riet psychopathisch veranlagten Menschen, sie sollten ihren Hauptfehler bekämpfen und die Schwierigkeiten ihres Charakters aufopfern für jene, die sonst in Todsünden sterben.

Gewiss war dieser Rat nicht leicht zu verwirklichen.

Wie schwer ist es, einen Hauptfehler aufzugeben, etwa eine Illusion. Entfernten sie doch den Kranken von der Wirklichkeit und lullten ihn in Träume. Oder Hass- und Rachegefühle, die, wiedergekaut, wie ein Narkotikum wirken. Selbstverständlich reagierten manche Patienten aggressiv gegen einen solchen Rat; ihnen konnte Pater von Lama nicht helfen. Sie lieferten sich selbst ihrer Krankheit aus. «Nur die Wahrheit Gottes macht uns frei», sagte der Pater zu einem Psychiater, der ihn besuchte. Die Ergebnisse der Wissenschaft hatten diesen Arzt unbefriedigt gelassen. Er wollte endlich seinen Patienten bessere Antworten geben als bisher. Pater von Lama erklärte dem Arzt die Grundlagen der Religion. Zuerst zweifelte der Arzt, dann bat er um den Krankensegen. Tage später fragte er, ob er seinen Patienten mit den Mitteln der Kirche helfen dürfe. Diese Frage bejahte Pater von Lama.

Ein anderer Arzt, überrascht über die Wirkung des Segens an sich selbst, wollte Näheres darüber wissen. Der Pater verglich den Flug eines Vogels mit dem Leben des Geistes. Das Geistige sei hingeordnet auf Gott. Die Sünde störe diese Ordnung. In der Sünde verharrend, peile der Mensch nicht den ewigen Gott an, von dem und für den er geschaffen sei, sondern vegetiere im unendlich Geringeren. Dadurch sei seine Entwicklung gebremst oder zum Stillstand gebracht. Dies verursache häufig eine Erkrankung.

«Der Segen bringt vieles in Ordnung», sagte der Pater. Er ist die Hilfe, die dem Kranken zuteil wird, damit er seinen Abfall von Gott bereuen kann. Nun wünscht er, sein Leben neu auszurichten.»

SELIGE AUGENBLICKE

Wenn Pater von Lama am Abend seine Anbetung hielt, dann blieb die Zeit für ihn stehen, gleichgültig, wo er war, ob zu Hause, im Innsbrucker Kloster oder zur Aushilfe. Er fand Stille, Frieden, Ewigkeit. Solche Augenblicke blieben in der Erinnerung haften, bildeten sie doch das Gegengewicht zu allem Leid. In seinen letzten Lebensjahren zählte er einmal solch selige Augenblicke: es waren an die dreihundert, in denen die Zeit stillgestanden war, in denen den Pater das Meer der Ewigkeit umbrandet hatte mit unfassbarer Liebe. Einer Liebe, die Gegenliebe fordert: Mühe, Entbehrung, Leid und ganz besonders immer wieder Streben über sich selbst hinaus und über die eigene Armseligkeit. Diese Haltung ist ohne jede Vernünftelei jeder grossen Liebe eigen. Sie allein ist in jedem mystischen Erleben vorausgesetzt. «Ein Orden», sagte Pater von Lama, «in dem es keine Mystiker mehr gibt, stirbt aus.» Nicht Geschäftigkeit bringt Grosses hervor, sondern Verinnerlichung. Mystik ist innerliches Leben.

Deshalb ermahnte Pater von Lama seine Mitbrüder, besonders die jungen. Ihnen machte man heute das Leben so leicht, köderte man sie doch mit Konzertbesuchen und Bergtouren und verschwieg das Kreuz Christi und seine Nachfolge. Laut Kirchenlexikon waren alle Heiligen der letzten Jahrhunderte mystisch Begnadete, nach Benedikt XIV. auch sämtliche Ordensleute, die grosse religiöse Bewegungen gegründet hatten. In ihnen allen hatte das Verlangen nach dem Urheber des Lichts gebrannt. Aus ihrer Sehnsucht, aus ihrer Liebe heraus, waren sie unbegreiflicher Dinge fähig gewesen.

Täglich setzte sich Pater von Lama mit der Wirklichkeit auseinander, die tiefer geht, als der Gottlose ahnt. Denn der Mensch, der Gott sucht, bringt den Mut auf, die Fragwürdigkeit des Lebens zu sehen.

HANDFESTE RATSCHLÄGE

Der Pater gab seinen Patienten auch handfeste Ratschläge. «Lassen Sie sich endlich Ihre Zähne richten. Rechts oben haben Sie eine grössere Zahnlücke. Wenn Sie alle

Zähne haben, können Sie die Nahrung besser einspeicheln und werden gesünder.»

Depressive forderte er auf, jeden Bissen gut zu kauen, denn dieser Krankheit liege meist eine Blutverdickung zugrunde. Viele Menschen mit sitzenden Berufen litten an Depressionen. Sie bewegten sich zu wenig.

Um gutes Kauen zu erlernen, riet der Pater, zu jeder Mahlzeit ein Stück gebähtes Brot zu kauen.

Leute, die an kalten Händen und Füssen litten, forderte er auf, viel Sellerie zu essen und nachher reichlich Wasser zu trinken. «Das schwemmt die Nieren durch», pflegte er zu sagen.

Immer wieder bat er Frauen, für ihre Männer gut zu kochen. Sonst seien sie selbst schuld, wenn sich ihr Mann eine andere Frau suche.

SCHMERZLICHE RÜCKSCHAU

Über die erste Fahrt auf den Mond war Pater von Lama überwältigt vor Staunen. Das Raumschiff landete mit unvorstellbarer Genauigkeit auf dem Meer der Stille, beim zweitenmal nur 200 Meter von der vorher gelandeten Mondsonde entfernt.

Solche Genauigkeit bezeichnete der Pater als Dienst an der in Gott ruhenden Wahrheit.

Auch die grauesten Wintertage sah Pater von Lama voller Farben und Leben. Im winterlichen Wald stellte er sich die schlummernden Pflanzen vor. Noch schliefen sie, ganz stille war es um sie. Dort erblickte er eine verkrüppelte Föhre. Welche Stürme mochte sie erlebt haben. Wäre nur ein Mensch da, mit dem Pater von Lama die Fülle seines Erlebens teilen könnte. Doch er war allein, immer wieder. Wer einmal nicht bloss hinter die Kulissen dieses Lebens geblickt hat, sondern bis auf den Grund, der entrinnt der Einsamkeit nie mehr ganz. Es liegt an seiner Dynamik, der heiligen Unruhe, mit der er andere mit sich ziehen möchte. Doch die andern wollen in Ruhe gelassen werden.

Wieviele Beichtkinder hatte er gehabt! Hatte ihm nicht sein erster, oberdeutscher Provinzial Arbeiten anvertraut, für die kein anderer in Frage gekommen wäre? Trotzdem hatte ausgerechnet dieser Provinzial das Geschwätz hingenommen, Pater von Lama sei ein Hysteriker. In welche Einsamkeit hatte ihn der Provinzial dadurch gestürzt. Bei jedem Aufblitzen eines Lächelns seiner Mitbrüder, bei jeder ihrer Fragen hatte er geglaubt, sein einsamer Weg sei endlich zu Ende. Doch er hatte sich getäuscht.

«Wir schätzen Sie sehr», sagte ein Mitbruder, «aber am meisten, wenn Sie nicht da sind.»

Und ein anderer: «Sie wirken wie das lebendige Gewissen, auch wenn Sie nichts sagen.»

Wie oft sagte Pater von Lama seinen Kranken geheimste Sünden auf den Kopf zu. Es gab deshalb Leute, die ihn mieden, ja fürchteten.

Überall legte er Mängel bloss. Als ein Vortragender das Wort 'Zufall' zu oft verwendete, anstatt von Vorsehung zu sprechen, vermerkte Pater von Lama in sein Tagebuch: «Armer Kerl, als ob er dadurch nicht die Wunde seiner Seele verriete.» Er meinte die Angst, weiter zu forschen über die selbstgezimmerte Erklärung hinaus.

DIE DRITTEN MITTLEREN JAHRE

In seinen Tagebuchaufzeichnungen nennt Pater von Lama die Zeit von seinem 64. bis zum 83. Lebensjahr die dritten mittleren Jahre. In diesen Jahren sei er am tätigsten gewesen.

«Wir besitzen drei Leben: ein körperliches, geistiges und geistliches», schrieb er. «Die richtige Ordnung der Leben bezeichnen wir mit Gesundheit, den Mangel mit Krankheit.

Auf das geordnete Lebensganze kommt es an, nicht auf die Übersteigerung eines Teiles; das ergäbe eine Karikatur.»

Ein Mindestmass sei in allen drei Leben notwendig, sonst müsse es verlöschen. Das jeweils höhere Leben erkläre das niedere.

86jährig musste er in Ötz den kranken Pfarrer vertreten. Am Abend wurde er zu einer Sterbenden nach Ochsengarten gerufen. Er stapfte den langen, beschwerlichen Weg durch den tiefen Schnee.

«Gott kann mich noch brauchen», schrieb er in sein Tagebuch.

Jeden Abend bereitete er sich auf seinen Tod vor. Immer noch lernte er, und ein Leben lang behielt er sein lexikales Gedächtnis. Ein Pfarrer wollte mit seiner Belesenheit Pater von Lama überraschen. Doch kaum nannte der Pfarrer einen Buchtitel, schon erzählte der Pater den Inhalt des Buches und redete über den Autor.

87jährig beschloss er, nicht mehr Mathematik zu studieren, sondern sich nur mehr mit wesentlicheren Dingen zu befassen. Seine Tage waren gedrängt voll mit dem Empfang seiner Kranken und Aushilfen in Pfarreien. Er las, studierte, malte und betete.

Bis zu seinem 93. Lebensjahr betreute er die alten Leutchen im Innsbrucker Städtischen Pflegeheim. Sie beichteten jeden Monat.

An warmen Sommertagen setzte er sich zu den alten Menschen auf die Bank und fing ein Gespräch an. Er zeigte auf die Blumen, wie sich doch das Rot der Rosen abhob vom gedrängten Rosa der Hortensien. Eine korallenrote Salbeistaude und samtdunkles Löwenmaul bemühten sich vergeblich, gegen die Palette der Zinnien aufzukommen, die von Karmin und Rosa alle Übergänge zum Gelb ausstrahlen liessen. Die alten Leute folgten staunend seiner Schilderung. Auf ähnliche Weise machte er sie auf die verschiedenen Grüntöne aufmerksam: auf das Blaugrün der Felswände, das Graugrün der Pappeln, auf das frischere Grün der Lindenbäume, das Laub einer Birke, durchstrahlt vom Licht, und im Kontrast dazu die tiefen Schatten.

Nur das geübte Auge merkt, wie das Grün des Rasens sich langsam ändert. Rosenblätter mischten sich drein, die den Himmel spiegelten, grün mit etwas bläulichen Flecken.

SEIN BLICK STREIFTE IHN

Wenn Pater von Lama viel durchlitten hatte, flogen ihm die Herzen der Notleidenden zu. Er war in der Schweiz, als ihn ein Unbekannter am Telefon verlangte. Er habe ihn gestern auf der Strasse gesehen. «Ihr Blick hat mich gestreift. Die ganze Nacht konnte ich nicht schlafen.» Jetzt wollte er eine Lebensbeichte ablegen.

Anderntags besuchte den Pater eine Frau, die früher schwer psychopathisch gewesen war.

«Gerne will ich mein Kreuz tragen, das ich selbst verschuldet habe», sagte sie. «Ach, ich war doch eine. Jeden Mann wollte ich verführen. Glauben Sie, wenn ich jetzt bereue, dann kann ich meine Töchter beraten?»

Pater von Lama bejahte. Er bezeichnete diese Haltung als Zeichen körperlicher und geistiger Gesundheit.

Oft hatte er erschütternde Erlebnisse: Ein Mädchen kam mit ihrer blinden Freundin. Er habe doch ihrer Mutter geholfen, jetzt bitte sie für ihre Freundin. Aber nicht allen konnte er helfen.

Immer wieder verwies er: Der Kranke sollte eine vollkommene Reue erwecken und im Namen Jesu um Hilfe bitten. Er allein wisse, ob unsere Gesundung auch zu unserem seelischen Heil sei oder nicht.

«Dann helfen Sie meiner Mutter», unterbrach ein Gerichtsbeamter Pater von Lamas Rede, «sie ist im Altersheim und leidet an Zwangsideen.»

Wie oft fühlte der Pater die Krankheiten seiner Besucher voraus. Manchmal bis zu einer Woche. Einmal glaubte er, an einer Rippenfellentzündung erkrankt zu sein. Er spürte starkes Stechen, wunderte sich jedoch, dass er kein Fieber hatte. Am nächsten Tag besuchte er einen Bekannten, dessen Frau mit Rippenfellentzündung krank lag. Er segnete die Frau, und im selben Augenblick waren ihre und seine eigenen Schmerzen verflogen.

Bei einem Spitalbesuch bat ein Fleischhauer Pater von Lama um den Segen. Nach mehrmaligen Operationen hatten die Ärzte beschlossen, dem Fleischhauer eine Niere zu entfernen. Pater von Lama nahm dem Mann die Beichte ab, spendete ihm die Kommunion und segnete ihn.

«Jetzt kann kommen, was will, Pater», sagte der Kranke. Am nächsten Tag untersuchte ihn der Arzt und stutzte. Sofort verlangte er ein neues Röntgenbild und verglich es mit dem vorhergehenden.

«Ihre Niere ist wieder vollständig in Ordnung», sagte kopfschüttelnd der Arzt. «Sie dürfen nach Hause gehen. Wenn es Wunder gäbe, so müsste ich bezeugen: hier ist eines geschehen.» Solch ein Ende der Krankheit hatte der Fleischhauer nicht erwartet. Als Dank für die Hilfe schenkte er Pater von Lama eine Riesenwurst.

Auf dem Land traf Pater von Lama einen Bauern, dessen Frau er vor Jahren gesegnet hatte, weil die Ehe kinderlos geblieben war. Pater von Lama erkundigte sich, ob er die Frau noch einmal segnen solle.

«Nein», rief der Bauer, «mir langt's! Wir haben sechs Buabn.»

Manchmal dienten die Kranken dem Pater als Vorbild. Er wurde zu einem sterbenden Führer der Pfadfinderjugend gerufen und segnete ihn.

«Ich möchte nur gesund werden», sagte der Bursche, «wenn Gott es will.»

Er sang ein Lied, seinen Schwanengesang, und ging hinüber in die Ewigkeit.

Dieses Sterben beeindruckte Pater von Lama tief. Er wanderte hinüber in die Nachbarpfarrei und beichtete, durchdrungen von der Wirklichkeit Christi. Ein junger Kooperator gab ihm die Lossprechung.

«Bleiben Sie noch», bat der junge Geistliche. Er bekannte seinem älteren Kollegen: «Sie sind im rechten Augenblick gekommen. Ich war voller Zweifel. Endgültig wollte ich meinen Priesterberuf an den Nagel hängen. Jetzt nicht mehr. Ihre einfachen Worte haben mich umgestimmt.»

ARMER MITBRUDER

1957 musste Pater von Lama nach Osttirol, um einen plötzlich verstorbenen Pfarrer zu ersetzen. Dort empfing den Pater ein eiskaltes Zimmer, eine störrische Häuserin und die Hinterlassenschaft des Pfarrers: Stösse von Papier, jahrzehntelang nicht geordnet. Wären diese Papierstösse doch dem alten Herrn ebenso erwünscht gewesen wie den Mäusen.

Pater von Lama stöberte in den Büchern des verstorbenen Pfarrers. Er fand Gedichte von Ulrich von Wolkenstein und Puschkin, sowie eine Übersetzung von Byrons Gedichten. Tief und still war die Nacht. Ein Stoss von Blättern lag auf dem Tisch: hunderte Seiten von Predigten, eine Reihe Betrachtungsbücher und Briefe. Doch ein Zeichen irgendeiner persönlichen Aussprache mit Gott fehlte. Nach Aussage der Leute hatte der alte Pfarrherr nur misstrauisch seine Pfarrkinder betrachtet. Armer Mitbruder! Ein Buch fiel Pater von Lama in die Hände mit dem Titel: «Das Greisenalter des Priesters.» Darin las der Pater täglich. Er, jetzt 74jährig, nahm sich fest vor, den körperlichen und seelischen Fehlern des Greisenalters zu entgehn. Und voller Eifer erneuerte er das religiöse Leben der Ortsbewohner, traf sich mit ihnen in abendlichen Zusammenkünften und unterrichtete Religion in der Schule. Bald kamen die Kinder zu ihm mit ihren Sorgen. Oder sie wollten lachen mit dem Pater. Er war ein heiterer Mensch, erfand selbst Witze und galt bei den Leuten als unterhaltsamer Gesellschafter.

«Machen Sie dem Vater dort oben Freude», pflegte er zu sagen, «und Sie kommen aus der Freude nicht mehr heraus.» Gott Freude machen, das hiess den Alltag erfüllen; Gott dankbar sein in glücklichen Tagen, und in leidvollen den Schmerz geduldig ertragen. Wie konnte ein winziger Mensch anders seine Ehrfurcht, seine Liebe beweisen dem gewaltigen Herrscher des Weltalls, von dem alles gegeben war!

SPUK-PHÄNOMENE

Wieder im Innsbrucker Kloster, klagte ihm ein junges Ehepaar seine Not. Sie hatten ein Gut gepachtet und auf Wunsch der Besitzer deren Grossmutter im Hause behalten. Die alte Frau wohnte über ihrem Wohnzimmer. Kaum waren die jungen Leute im Haus, da traten Spukphänomene auf, die immer ärger wurden. Der Priester riet zu Gebet für die sterbenden Todsünder. Dies befolgten die jungen Leute, und es trat Ruhe ein. Dafür fing es im Zimmer der alten Frau zu spuken an. Die schlich ins Dorf und erzählte den Leuten von den neuen Pächtern. Sie wären so nette Leute. Die Dorfbewohner sollten sich von ihnen ausborgen. Neugierig auf die neuen Pächtersleute, freundeten sich Ortsbewohner mit ihnen an und borgten. Sobald sie das Ausgeliehene zurückgebracht hatten, endete der Spuk bei der alten Frau, setzte jedoch wieder bei den Pächtern ein. Ihr dreijähriger Junge schrie die ganze Nacht, weil es sich von einem grossen, herumspringenden Tier bedroht fühlte. Nach Tagen nahm dies auch die junge Frau wahr. Diesmal betete sie den Exorzismus, wie ihr Pater von Lama geraten hatte. Das Tier verschwand, die jungen Leute hörten einen dumpfen Schlag. Der Körper der alten Frau über ihnen war zu Boden gefallen. Sie war einem Schlaganfall erlegen.

Pfarrer Timotheus Dorn von Ulm-Wittlingen wandte sich an Pater von Lama um Rat: Ein Geschwisterpaar — Bruder und Schwester — bewirtschafteten in seiner Pfarrei ein Anwesen. Ihre früher prächtigen Milchkühe gaben plötzlich entweder keine Milch mehr oder bloss bläuliches Wasser, obwohl die Geschwister die Tiere gleichbleibend fütterten.

Die Tiere schwitzten in der Nacht und brüllten vor Angst, dennoch konnte eine Tierkrankheit nicht nachgewiesen werden. Die Geschwister verdächtigten ein Hausiererehepaar, dieses Übel verursacht zu haben. Die Geschwister hatten gesehen, wie der Hausierer hinter ihrem Rücken ein Buch aufmerksam gelesen und dann der Hausiererin ein Zeichen gegeben hatte.

Pater von Lama bezeichnete diesen Fall als unverkennbare dämonische Beeinflussung. Er riet dem Pfarrer, das Haus und die Stallungen auszusegnen. Pater von Lama schrieb, er selbst habe dämonischen Diebstahl des öfteren festgestellt.

Bei jeder Priesterweihe erklärt der Bischof, die Aufgabe des Priesters sei es, zu opfern und zu segnen. Segen bedeutet vom Wort her: bene dicere, gut sagen. Liturgisch besagt dies: der Priester erfleht für jemanden bittend von Gott Gutes. So ist der Segen ein Akt der Nächstenliebe. Da wir Menschen aus Leib und Seele bestehen, wird der Segen auch sinnbildlich wahrnehmbar durch die Segensgebärde der Hand. Sie gleicht der Aussaat beim Säen. Dies führt zu der Vorstellung, die segnende Hand streue aus.

EINE BEFRAGUNG
ÜBER PATER VON LAMA

Im Sommer 1978 wurde eine grosse Anzahl von Menschen über Pater von Lama befragt. Die Antworten spiegelten das wider, was sein Tagebuch bringt. Etliche Leute bestätigten die Heilung von körperlichen Leiden.

«Wir waren in grösster Not», schreibt Frau Irma Ingrisch, Dornbirn, «als wir von Pater von Lama hörten. Unser jüngstes Kind war schwerkrank, es war im Jahre 1947. Es litt an epileptischen Anfällen. Wir schrieben dem Pater und baten um Fernsegen, erhielten bald ein Schreiben von ihm, worin er bestätigte, dass er den Segen erteilt habe. Das Kind erlitt keinen Anfall mehr und war vollständig gesund.

Im Jahre 1949 erhielt mein Mann den Fernsegen zu einer Operation; der Dickdarm wurde herausgenommen und der Dünndarm wieder geschlossen. Krebs wurde festgestellt; von den Ärzten aus bestand keine Hoffnung mehr. Mein Mann wurde ganz gesund und ist es heute noch. Im Schreiben vom Pater für meinen Mann mit der Bekanntgabe des Fernsegens für ihn, versicherte er meinem Mann, Schmerzen werde er jetzt keine mehr haben, auch nicht nach der Operation, wenn es zu dieser kommen sollte. Und so geschah es.

Sehr vielen Kranken konnte der Pater die Schmerzen einfach abnehmen . . . Ganz ausser sich und verwundert waren alle jene, denen er einfach beim Betreten des Zimmers sagte, mit welchem Anliegen sie zu ihm kämen, und ihnen Hilfe zuteil werden liess, ohne dass sie den Mund aufmachten.»

Ein Herr, der weder für sich noch für seinen krebskranken Bruder Hilfe in körperlichem Leiden erfahren hatte, bezeichnete den Pater von Lama als eine ungewöhnlich gläubige Priesterpersönlichkeit. Andere rühmten sein adeliges Wesen oder seine Bescheidenheit, wieder andere sprachen von seiner Hilfsbereitschaft. Neunzigjährig unternahm er noch eine Reise in die Schweiz, um einen Burschen, der ihn darum gebeten hatte, mit einem Mädchen bekannt zu machen.

«Er half in schwerer seelischer Not», heisst es in einem Brief, und in einem andern: «Eine grosse Kraft ging von ihm aus.» Von dieser Kraft berichteten mehrere Leute. Sie habe aufhellend, beglückend gewirkt und die Gewissheit vermittelt, dass Gott existiere. Pater von Lama wird als der interessanteste Mensch geschildert, «der mir je begegnet ist.»

Ein Schreiber äusserte sich über dessen verblüffendes Wissen über vergangene Dinge. Sogar anhand von Gegenständen — wie etwa einem Halskettchen — sagte der Pater über den seelischen Zustand einer ihm unbekannten Trägerin treffend aus.

«Im Sommer — wahrscheinlich 1960 —», schreibt Frau Anna Höcht, München, «wohnten mein Mann und ich zur Erholung in Thierbach in der Wildschönau in Tirol bei Familie Klingler. Die Frau Klara litt damals schon längere Zeit an Schmerzen des Trigeminus. Da die Schmerzen so heftig wurden, begab sich Frau Klingler ins Innsbrucker Krankenhaus. Es trat keine Besserung ein. Während eines Krankenbesuches strich ihr Pater von Lama mit der Hand über die erkrankte Stelle. Von da ab wichen allmählich die Schmerzen. Das kann ich bezeugen.»

Frau Else Sonnweber, Landeck, schreibt: «Einmal hab ich Pater von Lama in einem Brief mitgeteilt, dass das einjährige Kind eines Bekannten im Schlaf furchtbar aufschreit, und das öfter. Ich bat ihn um seinen Segen und um sein Gebet, und das hat geholfen. Das Kind schrie von da ab nie mehr! Einen Bekannten schickte ich mit einem Gedärmleiden zu Pater von Lama um seinen Segen, und er ist vollkommen geheilt! Ein alter Mann kam mit einem furchtbaren Augenleiden zu ihm und bat um seinen heiligen Segen. Er war sofort geheilt. Meine liebe

Mutter hatte furchtbare Kreuzschmerzen und bat um seinen heiligen Segen und war sofort geheilt, und er sagte: 'Sie werden keine Kreuzschmerzen mehr bekommen.' Auch an seinem Grab habe ich Hilfe erlangt.»

Ein Arzt bestätigte die Vorschau des Priesters: Zu Besuch bei Pater von Lama, habe dieser plötzlich das Gespräch durch die Worte unterbrochen: «Jetzt kommt endlich der junge Mann, wegen dem ich seit ½7 Uhr früh Kopfschmerzen habe.» Wenige Minuten später sei der Sohn des Arztes eingetroffen, und Pater von Lama habe ihm den Segen gegeben. Seit dieser Zeit sei der Sohn, bis dahin leidend, gesund.

Ein Mann, bestätigte derselbe Arzt, habe nach dem Tod seines Vaters an Halluzinationen gelitten. Ein Besuch bei Pater von Lama habe dem ein Ende gesetzt.

Der Brief von Alfred Österreicher aus Camberg lautet folgendermassen: «Es dürfte im Sommer des Jahres 1943 gewesen sein, als ich von Grätz bei Troppau als Leiter des dortigen Sägewerkes in Begleitung meines damals ca. 9jährigen Sohnes Karl Maria den ehrwürdigen Herrn Pater Severin von Lama im Herz-Jesu-Kloster in Innsbruck besuchte. Bei diesem Besuch spielte sich folgendes mit Pater Severin von Lama ab: Kaum hatte ich ihn in Begleitung meines Sohnes Karl in seinem Zimmer begrüsst, da blieb er steif stehen, schaute unverwandt in eine Ecke des nicht zu grossen Raumes, und nach einer Weile sagte er zu mir: 'Sagen Sie Ihrer Schwester, Frau Maria Faulhammer, folgendes: ihr Sohn Kurt Faulhammer, Studierender der Chemie an der Universität in Wien, ist wirklich gefallen als Soldat an der russischen Front. Die Russen machten einen Angriff auf die deutschen Stellungen, und ihr Sohn Kurt, der als letzter den Schützengraben verliess, bekam einen Schuss in den Hinterkopf und fiel rücklings in den Schützengraben zurück und war sofort tot . . . !' Nun nahm Pater Severin die Kreuzpartikel und fuhr mir, ohne den Körper zu berühren, rückwärts

vom Kopf bis zu den Füssen herab. Da lief es mir ganz
warm durch den ganzen Körper. Auch über den rechten
Arm tat er das gleiche. Ich hatte mir am rechten Arm als
Autofahrer durch zeitweises Hinaushalten aus dem Fenster Schmerzen zugezogen (in der CSR war der Volant
rechtsseitig angebracht); ausserdem litt ich an starken
Ischiasschmerzen im Rückgrat. Da sagte er mir nach dem
Experiment mit der Kreuzpartikel: ‹Beten Sie eine Novene, dann wird wieder alles in Ordnung sein.› Kurze Zeit
nach der Novene musste ich zu einer militärischen Untersuchung nach Olmütz, wobei mir bestätigt wurde, die
Ischiasschmerzen seien nicht mehr vorhanden, was auch
wirklich der Fall war.»

Frau Elisabeth Föger, Tierarztwitwe, Bludenz, schreibt:
«Mein Sohn war cirka 16 Jahre alt, er hatte schon längere Zeit Gastritis . . . Pater von Lama konnte gleich feststellen, wo es fehlt, er sagte auch, welches Leiden man
früher hatte, und er konnte mir sagen, ich hätte ein
schweres seelisches Leiden gehabt.» (Daran erinnerte
sich die Frau erst wieder). «Mein Bruder war sehr krank.
Man wollte ihm in Innsbruck am nächsten Tag die Füsse
abnehmen: den einen beim Knöchel, den andern ganz.
Ich telefonierte mit Pater von Lama und sagte ihm von
den Füssen. Am nächsten Tag stellte man in der Klinik
fest, dass die Füsse nicht abgenommen zu werden
brauchten.»

In Pettnau, erzählt Frau Föger, und eine Verwandte bestätigt dies telefonisch, habe ein Erhängter keine Ruhe
gefunden und sei von mehreren Lebenden auf dem Bal-
kon des Hauses gesehen worden. Man holte den Ortspfarrer, einen Kapuziner aus Tergin bei Landeck, doch
ohne Erfolg. Erst als eine Frau zu Pater von Lama fuhr
und um Hilfe bat, sagte er: «Heute war der Erhängte das
letztemal da.» Und so war es.

Ein Pfarrer erzählt, was ihm Pater von Lama anvertraut
hatte: Meist habe Pater von Lama je nach dem Besucher

einen Geruch, etwa von Blumen, Heilkräutern, oder Gestank an seinen eigenen Händen wahrgenommen. Dies habe ihm den Seelenzustand oder das körperliche Leiden des Besuchers im vorhinein verraten.

Ein anderer Priester hatte sich in einem dämonisch anmutenden Fall an Pater von Lama gewandt und von ihm Rat und Hilfe erfahren.

Frau Bodemann, Dornbirn, erzählt, ihr Sohn habe eine Beerenvergiftung gehabt mit hohem Fieber und bereits blauen Hautflecken. Die Ärzte hätten ihm nicht mehr helfen können. Doch nach dem Segen des Priesters sei der Sohn plötzlich gesund geworden. Einmal sei Pater von Lama in ihrem Hause gewesen, um Kranke zu segnen. Er wollte zuerst den Kranken segnen, der an Achselschmerzen litt. «Diese Schmerzen sind furchtbar», sagte er. Aber keiner der Wartenden meldete sich. Pater von Lama verliess das Haus. «Kaum war er weg,» erzählte Frau Bodemann, «als mein Sohn kam. 'Ich konnte nicht arbeiten', sagte er, 'ich hatte solche Schmerzen in den Achseln. Aber plötzlich waren die Schmerzen weg!'»

Einmal, auf einem Hügel oberhalb der Stadt, sagte Pater von Lama zu Frau Bodemann: «Ich könnte sagen, unter welchem Dach ein Krebskranker wohnt.»

«Brauchen Sie etwas, Pater», pflegte die Frau ihn zu fragen. Und sie erhielt jedesmal die gleiche Antwort: «Was ich brauche, ist die ewige Seligkeit.»

Zehn Tippfräulein seien einmal gekommen, alle depressiv. «Sie kauen viel zu wenig», sagte Pater von Lama zu ihnen. «Sie müssen kauen wie eine Kuh. Und zu jedem Essen nehmen Sie ein gebähtes Brot, damit Sie Speichel absondern, das braucht der Magen, um richtig zu arbeiten.»

«Ich verstehe nicht, wie sie so dumm sein kann», sagte Pater von Lama zu einer Frau über ihre Tochter. «Sie bleibt stehen. Der Dämon nimmt ihr die Kraft für das Leben. Sagen Sie ihr, sie muss weitergehen. Man darf nicht auf den Bösen hören und nachgeben, sondern weitergehn. Sonst nimmt der Dämon die Zeit für das Leben weg.»

Ein Mann sei zum Arzt gegangen mit starken Schmerzen, doch der Arzt habe nichts gefunden, erzählt eine Frau. Da habe Pater von Lama gesagt: «Der Mann muss unbedingt operiert werden, er hat Krebs.» Diese Diagnose sei richtig gewesen; die Operation habe dem Mann das Leben gerettet.

Ein Arzt — so erzählt dieselbe Frau — wollte einem Mann die Operation verweigern, weil er angeblich gesund sei. Pater von Lama habe zu dem Arzt gesagt: «Sie werden sich beim Jüngsten Gericht dafür verantworten müssen.» Worauf der Arzt, verblüfft über die Worte, operiert habe.

Hans Müller, Besitzer einer Autoreparaturwerkstatt in Andwil, Kt. St.Gallen, in der Schweiz, berichtet: «Ich fuhr einmal mit vier anderen Schweizern nach Salzburg. Dort entschlossen wir uns etwa gegen Mittag, auf der Rückreise Pater von Lama zu besuchen. In Innsbruck blieben die andern im Wagen sitzen, ich ging allein zur Pforte des Herz-Jesu-Klosters und läutete. Der Pförtner fragte mich, noch ehe ich etwas sagen konnte: 'Gehören Sie zu den fünf Schweizern, die Pater von Lama besuchen wollen?' Erstaunt darüber fragte ich: 'Wieso wissen Sie das?' 'Pater von Lama hat heute früh gesagt, fünf Schweizer würden ihn heute besuchen', lautete die Antwort.»

Universitätsprofessor Dr. Andreas Resch, Innsbruck, bezeugt: «Mit Ritter von Lama war ich Jahre hindurch befreundet. Ich habe mit ihm seine Gebiete als Geistheiler öfters besprochen. Dabei konnte ich feststellen, dass Ritter von Lama eine besondere Gabe der Heilung besass, vor allem seelischer Art.» Mit viel Takt und Herzlichkeit versuchte Pater von Lama, Menschen in ihrem Lebensleid zu trösten. Seine Briefe begannen meist mit der Anrede: «Wertes Kind Gottes.»

«Sagen Sie am Abend zu Gott: 'Ich hab es nicht besser gekonnt, ich bin halt ein Patscherl.' Und freuen Sie sich. Sie sind ein Kind Gottes», so riet Pater von Lama einer Frau, die an ihrem menschlichen Versagen viel zu leiden hatte.

BUNTE SPLITTER

Severin bewunderte ein Rasenstück karminroter Thymianblüten, durchwirkt mit tiefroten Kreuzblüten.
Jedes Werk trägt die Spuren seines Schöpfers, erst recht die Welt bis hinein in die kleinsten Zellen und ihre Geheimnisse.
Vor Jahren hatte ein Steinklopfer den Pater gefragt, warum er, der Priester, Steine behaue.
«Um nachzusehen», hatte er geantwortet, «wie der liebe Gott unsere Erde eigentlich gemacht hat.»
Seither hatte der Pater diese Schrift immer besser lesen gelernt.
Pater von Lama begab sich nach Bludesch, um dort den kranken Pfarrer zu besuchen. Severin schaute den stürzenden Wassern zu, den gaukelnden Schmetterlingen, bestaunte die Blumen der Bergwiesen, das Spiel des Lichtes und die Wolken über den Gipfeln. Wie wichtig war doch jeder Augenblick.
Am Abend bewunderte der Pater die Milchstrasse. Was unter den Milliarden Sonnen bedeutete unsere Sonne? Was unter den zahlreichen Planeten unsere Erde? Was unter den Milliarden Menschen, die je gelebt hatten und noch leben, ich und du? Doch der Allmacht Gottes entspricht es — menschlich ausgedrückt, dass er in jedem Augenblick auch an mich denkt.
Religion ist keineswegs ein abstrakter Begriff, sondern ein durch Gebet Ergriffen-Werden, so wirklich, wie nur je etwas war und ist, was die letzte Erfahrung unseres Lebens ausmacht.

«Nichts zu glauben», schrieb der Pater in sein Tagebuch, «bringt der dümmste Kerl fertig. Etwas zu glauben, dazu gehört Liebe zur Wahrheit, auch wenn sie schwer zu fassen ist, Vertrauen zu ihr und endlich Mut, sich zu ihr zu bekennen, sich nach ihr zu richten.»

Pater von Lama forderte als eine der Aufgaben der Gegenwartstheologie: man müsse die Grenze ziehen zwischen der verfälschten Gottesinnigkeit asiatischer Religionen und der christlichen Kirche. Jene seien pantheistisch ausgerichtet. Der Quietismus der Tao-Lehre, zum Beispiel, habe einen seltsamen Gott, denn er müsse sich erst entwickeln. Nur ein persönlicher Gott kann die Menschen erlösen.

Ewigkeit — so Pater von Lama — sei zeitlose Dauer. Deshalb könne auf das unermessliche Glück in der Anschauung Gottes nie Leid oder Abstumpfung folgen. Denn jeder Wechsel hafte bloss dem Zeitlichen an.

DIE STRAHLUNG SEINER HAND

Charisma hat es schon im Frühchristentum gegeben. Die Strahlung der segnenden Hand Paters von Lama wurde meist aus einer Entfernung von zehn Zentimetern wahrgenommen, manchmal über einen Tisch hin, einmal aus einer Entfernung von acht Metern.

Eine Frau schrie bei seinem Segen: «Pater, jetzt haben Sie mich verbrannt.» Sie zog ihren Handschuh aus und zeigte eine frische Brandblase.

Für manche Patienten strömte seine Hand Kälte aus. Kinder erklärten, die Wärme seiner Hand strahle von einer Stelle aus. Es ist die Stelle, an der die Hand bei der Priesterweihe gesalbt wird.

Der Geschmack und Geruch des gesegneten Wassers für die Kranken verriet dem Pater deren Geisteshaltung: Geruch und Geschmack nach Veilchen bedeute Demut, nach Thymian Jungfräulichkeit, nach Rosen Liebe, Rosenkranzgebet und Marienverehrung, nach Weihrauch Gebet; der Geruch von blühenden Bergwiesen mystische Begabung.

Spät abends, bei Familie Schneider, Bregenz, als der Pater vor Müdigkeit kaum mehr sprechen konnte, senkte er eine Marienmedaille in ein Glas gewöhnliches Wasser, das er segnete. Er bat um Hilfe im Namen Mariae. Dann reichte er das Wasser dem Besucher, der an einer Hautkrankheit litt. Erstaunt nahm dieser starken Zitronengeschmack des Wassers wahr.

«Reiben Sie sich mit dem Wasser ihre Haut ein», sagte der Pater. Dies wirkte.

Ein anderes Mal, bei starker Müdigkeit, sprach der Priester bei der Segensformel nicht den Namen Jesus aus. Der Bauer, den er zu segnen hatte, rief: «Jetzt lasst's aus, Hochwürden!» Pater von Lama holte das Gebet nach, und es wirkte. Der Bauer, der seit seiner Jugend nur auf einem Auge gesehen hatte, sah plötzlich auf beiden Augen.

Zur Aushilfe in Gries am Brenner: Dort hatte ein Mädchen so an Gewicht verloren, dass Pater von Lama erschrak. Früher hatte er dessen Grossvater geholfen, der an einem Nierenleiden gelitten hatte. Damals hatte Dr. Burghardt Breitner — der später als Bundeskanzler kandidierte — von einem Wunder gesprochen. Jetzt sollte Pater von Lama der Enkelin helfen. Sie roch das gesegnete Wasser als Karlsbadersalz. Dies war dem Pater ein Zeichen eines Leberleidens.

Einen Höhepunkt seines Charismas erlebte er in Lustenau bei Bregenz, wo er einmal an einem Nachmittag zweihundertachzig Menschen gesegnet hatte. «Jede Krankheit», wandte ein Arzt ein, «braucht doch ihre Zeit, um zu entstehen und zu vergehen. Der Schöpfer wird sich wohl an seine Gesetze halten.» Er begriff nicht, dass jedes, auch das kleinste Wunder, eine Ausnahme des

Gesetzes ist, ein schnellerer Ablauf. Ein Bauer bat um den Fernsegen für sein kleines gelähmtes Kind. Als er nach Hause kam, lief es ihm entgegen. «Sie sind allwissend», sagte eine aufgedonnerte Dame zum Pater. «Und nun sagen Sie mir, was mir fehlt. Die Ärzte wissen es nicht.»

«Einen Schmarrn bin ich allwissend», entgegnete der Pater. Er nannte die Bedingungen, unter denen allein er heilen konnte. Weil es um ihr Leben ging, kniete sie sich nieder und versuchte zu beten.

Er segnete sie. Sie sprang auf. «Hören Sie mein Schuldbekenntnis. Ich habe seit 15 Jahren nicht mehr gebeichtet.» Erst nach der Beichte wusste er: die Frau litt an Zwölffingerdarmgeschwüren.

Ein Herzkranker bezeichnete den Geruch des gesegneten Wassers als tierentstammend, wie Salmiak, und berauschend. Pater von Lama befragte später einen Chemiker, was das sein könnte. Der las ihm aus einer Pharmazeitung vor: Bufotin, das Sekret der Krötendrüse, habe einen salmiakähnlichen Geruch und wirke berauschend. Seine Zusammensetzung sei dem Haschisch ähnlich.

MYSTIK IN ÖSTERREICH

Sein Werk «Am tiefsten Quell — Mystik in Österreich» wurde auf ein Drittel zusammengekürzt und erschien als Buch mit 16 Bildbeigaben im Umfang von 727 Seiten im Bergland-Verlag Wien.

Für die Menschen der Jetztzeit bedeutet es immerhin eine gewaltige Leistung, 700 Seiten zu lesen. Doch Pater von Lama bedauerte die Kürzung sehr. Dieses Buch befasst sich mit der Mystik Österreichs. Jahrzehnte hatte der Pater daran gearbeitet. Wo immer er zur Aushilfe gewesen war, hatte er nach Quellen geforscht.

Zuerst hatte ihm der Provinzial diese Arbeit verboten.

Später, als das Verbot gefallen war, hatten ihn seine Vorgesetzten bei dieser Arbeit in keiner Weise unterstützt. Um sein Buch überhaupt schreiben zu können, hatte ihm sein Ordensoberer das Abfallpapier des Büros überlassen. Durch solche Opfer würde die übernatürliche Wirksamkeit erkauft, meinte Pater von Lama. Mystik bezeichnet Pater von Lama als einen Weg in drei Demutsstufen: die erste bestehe im überwältigenden Erfassen der Grösse Gottes, die zweite in der Nacht des Geistes, die dritte in der Vereinigung mit Gott im Kusse des Herrn. Die meisten Menschen erfahren keine dieser drei Stufen in ihrem Leben. Sie würden wohl im Fegefeuer diese Wege gehn. Pater von Lama hatte die erste Stufe durchlebt: hatte er doch die überwältigende Grösse Gottes schon als 16jähriger erfahren.

DIE DUNKLE NACHT DES GEISTES

Vor seinem 80. Geburtstag zeichnete sich ein Seelenzustand ab, der der zweiten Stufe, der Nacht des Geistes, nahekam. Dieser Zustand dauerte ungefähr zehn Jahre. Oft war Severin ohne ersichtlichen Grund innerlich fassungslos. Und trotz der vielen Menschen, die er aufrichtete, zu denen er über Gott sprach, litt er selbst unter dem Eindruck einer zermalmenden Gottesferne.
Er grübelte darüber: ob dies wohl der Gegenpol zu seinen täglichen Segnungen war, damit er nicht der Eitelkeit verfalle? Manchmal deutete er dieses seltsame Erleben als dämonische Anfechtung. Kaum waren die Kranken gegangen, war Leere in ihm, eisige Kälte, unübersichtlich sein weiterer Weg. Er lobte Gott mit den Lippen, mit dem letzten verglimmenden Rest seines fühlbaren Glaubens. Er ging durch Täler, die er so geliebt hatte. Taub war er für den Vogelgesang, stumm blieb sein Herz beim Anblick des Schönen. Der Gedanke an Gott tröstete ihn nicht, ängstigte ihn nicht, sondern liess ihn leer.

War er krank? Oft fühlte er eine unendliche Müdigkeit. Gott war in unerreichbare Fernen gerückt.

Hatte Pater von Lama wieder mühsam zum Ganzen gefunden, fragte er: «Ist nicht jeder Grashalm ein Wunder?» Er sehnte sich nach ganzer, immerwährender Gottesschau.

Er las in einer Chronik einen Bericht, der ihn tröstete: Ein fünfjähriges Kind hatte sich im Walde verirrt. Erst nach einer bitterkalten Nacht, einem Tag und wieder einer Nacht wurde es im Walde gefunden. Wie staunte der Vater, denn das Kind hatte sich nicht einmal einen Schnupfen zugezogen. Aus Dank machte er eine Wallfahrt und brachte dem Kind ein Gnadenbild mit. Da lächelte die Kleine: «Das ist die Frau, die ich im Wald gesehen habe.»

Musik war ein Trost für Severin. Er fand Tschaikowskys Symphonie grossartig. Wie hörte er bei dieser Musik das Lied der Steppe.

Ein anderes Mal bewunderte Pater von Lama die Gesteine auf einer Ausstellung. Ein Schälchen war mit wertvollem Seifenplatin gefüllt. Erst nach mühsamer Reinigung und Bearbeitung erhält das Edelmetall seinen Wert. Musste nicht auch die Menschenseele vieles erleiden, um rein zu werden?

Besondere Freude machte ihm sein jetziger Superior, der zu seinem 80. Geburtstag eine richtige Feier veranstaltete. So gemütlich war es im Kloster selten gewesen. Pater von Lamas Bilder — es waren an die vierhundert — wurden ausgestellt. Der Pater erklärte das Material der Bilder und freute sich, dass sie der Klosterjugend gefielen; besonders eine Kreide- und eine Kohlezeichnung auf grünem Rauhgrund, ein Gebirgsmoor in Pastellfarben und das Bild einer Pappel in Ölkreide.

Ausgerechnet in einer Zeit der Gottverlassenheit waren seine Mitbrüder um so vieles herzlicher zu ihm als früher. Schickte ihm Gott nicht immer wieder einen Lichtstrahl in seiner mühseligen Wanderung durch die Nacht?

Ein Wissenschaftler erklärte, die Seele wirke nur über den Körper. Beispielsweise käme eine Gedankenübertragung nur durch elektrische Schwingungen zustande. Deshalb müsse man Geist und Stoff gleichsetzen. Pater von Lama korrigierte: Mystische Theologie kenne nur ein unmittelbares Einwirken von Geist zu Geist. Der Pater hielt es für möglich, dass sich Totenanmeldungen durch elektrische Schwingungen erklären lassen. Doch fügte sich etwa in dieses materielle Weltbild sein Charisma ein? Tausende Male hatte er vorausgefühlt, mit welchen Krankheiten die Besucher kommen würden, oft eine Woche vorher.

Krankheitssymptome hatte Pater von Lama seinen Patienten selbst von solchen Krankheiten genau beschrieben, von denen er bisher keine Ahnung gehabt hatte. Oft nannte er seinen Besuchern eine Krankheit, an der nicht der Besucher, sondern ein Familienmitglied litt, das der Pater nie kennen gelernt hatte. Waren diese Dinge mit Gedankenübertragung allein zu erklären?

An einem Wochenende wieder zur Aushilfe in einer Pfarrei, erledigte Pater von Lama im Jagdschloss zu Flaurling die schriftlichen Arbeiten des Pfarrers. Er ordnete stundenlang die Papiere. Im Dorf verlöschten die Lichter, bis auf das Ewige Licht in der Kirche.

Kaum wollte sich der Priester niederlegen, da holte ihn eine Frau zu ihrer Nachbarin, die mit Uteruskrebs im Sterben lag. Sie hinterliess eine grosse Familie und hatte Angst vor dem grossen Aufbruch nach drüben. Schwer trennte sie sich von der Welt. Wie gross waren ihre Verfehlungen im Laufe des Lebens gewesen.

Pater von Lama spendete ihr die Sterbesakramente und tröstete sie: Die letzte Wirklichkeit sei die grosse Liebestat Christi durch seinen Tod. Die Kranke starrte auf das Kreuz in der Stube, ihre Augen weiteten sich in fassungslosem Erstaunen. Dann fiel sie zurück und starb.

Pater von Lama verlor in seinem Tagebuch nicht viele

Worte über den Tod eines Menschen. Auch dann nicht, wenn es einen seiner Angehörigen betraf.

Sein Bruder Camill war an Magenkrebs erkrankt. Rechtzeitig war Severin zu seinem Bruder gerufen worden, und er spendete Camill die Sterbesakramente. Zwei Tage später starb er. Es war im November 1967.

1972 starb Severins Neffe Carl. «Er war mir ein grosser Halt gewesen in meiner seelischen Einsamkeit», schrieb Pater von Lama in sein Tagebuch.

STRAHLENDE HELLE

Immer wieder hatte sich Pater von Lama durchgerungen und das Dunkel der Gottverlassenheit ertragen.

«Ich weiss, Gott liebt mich», schrieb er knapp vor seinem 90. Lebensjahr in sein Tagebuch. Das Dunkel wurde abgelöst von strahlender Helle. Der Lobpreis über sein Alter begann und riss nicht mehr ab.

Jeden Morgen lebte Pater von Lama voll zu Gott hin. «Nie ist das Leben wichtiger als im Alter, so nahe der Ewigkeit,» schrieb er in sein Tagebuch.

Als Geburtstagsgeschenk — Pater von Lama war 90 Jahre alt — nahm ihn sein Superior mit nach Oeventrop. Nach so langer Zeit kam der Pater wieder an den Ort, wo er seine entscheidenden Reifejahre erlebt hatte.

Er schritt durch das Haus, besuchte den stillen Park, der das Gebäude umgab, und den Friedhof. Lange betete er vor den Gräbern einstiger Mitbrüder. Noch einmal ging er die alten Wege durchs Dorf. Betend verabschiedete er sich. Für immer.

Kaum war Pater von Lama in Innsbruck, erwarteten ihn seine Kranken.

Ein Herr klagte über dämonische Belästigung. Trage er neue Schuhe, so wären nach zehn Minuten die Sohlen vollständig verbrannt; sein Schuster könne dies bestätigen, sagte er.

Nach einem Begräbnis habe er in seiner Wohnung einen hohen Haufen Raubtierkot gefunden, der unerträglich gestunken habe. Er begreife nicht, wie ein Raubtier in seine versperrte Wohnung gekommen sei.

Vergeblich habe er sich an die Geistlichkeit um Hilfe gewandt. So etwas gäbe es nicht, wurde ihm gesagt. Pater von Lama riet dem Mann, sich auf seinen Geisteszustand untersuchen zu lassen und den Befund des Arztes zu erbringen. Dies geschah. Der Arzt erklärte den Herrn für geistig gesund. Dennoch verzögerte sich die Hilfe von geistlicher Seite. In seiner Not rief der Mann Pater von Lama telefonisch an. Er sei am Ende. Sobald er sein Schlafzimmer betrete, würde er von eiskaltem Wasser überschüttet. Pater von Lama riet ihm, sich im Namen Jesu Ruhe zu schaffen. Der Mann tat dies, und die Ruhe trat ein. Anderntags bat eine Besucherin um Segen für die beiden Kinder ihrer Freundin. «Ihre Freundin verschweigt also ihr drittes Kind oder vielmehr ihr erstes», stellte der Priester richtig.

Und nach einer Schau: «Leider ist dieses Kind wegen seines Eigendünkels nicht mehr zu beeinflussen. Hoffentlich hilft das baldige grosse Unglück den beiden andern.» Bald darauf verübte das genannte Kind Selbstmord.

Den Selbstmord nannte Pater von Lama die dümmste aller Sünden, denn sie sei nicht mehr gutzumachen. Wer den Verzicht aus seinem Leben verbannt hat, liefere sich seiner eigenen Verzweiflung aus.

«Warum nicht Verzicht leisten auf Unnötiges?» fragte Pater von Lama.

Selbst junge Priester fanden seine Ansichten veraltet. Und doch bleiben ewige Wahrheiten immer modern.

EIN BERICHT IM RUNDFUNK

Im August 1973 brachte der Rundfunk einen Bericht des Superiors über Pater von Lamas Wirken und Leben. Er selbst erklärte, das Gottvertrauen seiner Patienten sei es, das die Heilung bewirke. Anschliessend erzählte der Psychiater Dr. Neubauer aus eigener Erfahrung. Die ärztliche Wissenschaft sei auf Psychometrie aufmerksam geworden. Die Parapsychologie erforsche die Erfahrungen dieses Grenzgebietes. Ein Schritt weiter führe in die Charismatik, die nur mehr in der mystischen Theologie begriffen werden könne.

Nach dem Vortrag riefen sogleich Leute von auswärts an. Telegramme trafen ein und Berge von Briefen. Ein Arzt aus Bregenz und einer aus Saarbrücken interessierten sich für Pater von Lamas Heilmethode. Eine langjährige Kranke besuchte ihn aus dem Bayrischen Wald.

Ein Herr klagte: vor Schmerzen könne er keinen Schritt mehr gehen, sein Arzt hätte ihm nicht geholfen. Wohltuend spürte der Kranke die segnende Hand des Paters. Geheilt verliess der Mann das Kloster.

Ein Autobus mit Reisenden kam aus Meran. Alle wünschten Pater von Lamas Segen; der Chauffeur bat um Hilfe wegen seines schweren Rheumaleidens.

Der Provinzial bat Pater von Lama, er möge einen seiner Geheilten bitten, die Heilung ärztlich bestätigen zu lassen. Und noch am selben Tag heilte Pater von Lama eine Frau, die an Spondylitis der Brustwirbel litt. Der Pater schickte sie nach der Heilung zum Arzt um ein neues Röntgenbild und einen neuen Befund, der die Gesundung bestätigte. Die beiden Befunde, den Krankheits- und den Gesundheitsbefund, sandte er seinem Provinzial.

Als nächster Besucher kam M. Huber, der wegen eines schweren Rheumaleidens seinen Arm nicht mehr bewegen konnte. Er war soeben vom Arzt gekommen und hatte den Befund bei sich. Nach dem Segen des Priesters konnte der Kranke seinen Arm kreisen lassen, er verspürte nicht den geringsten Schmerz. Der Arzt bestätigte die Gesundung.

Weihnachten 1973 dankte Pater von Lama Gott für das vergangene Jahr, das gnadenreich gewesen war.

1974 stand er 91jährig noch mitten im Leben. Seine Kranken liessen ihm beinahe keine Zeit zum Essen.

Noch betreute er die alten Leute im Altersheim und fuhr jeden Donnerstag vor dem Herz-Jesu-Freitag nach Ötz. Immer noch hörte er Beichten in vier Sprachen.

Er las theologische Zeitschriften und nahm am Tagesgeschehen teil. Er prophezeite die Ölkrise und den Kampf der Völker auf dieser ausgebeuteten Erde.

1974 mahnte ihn ein hartnäckiges Geschwür in der Nase an den Tod. Durch Röntgenstrahlen ging es zurück. Pater von Lama dankte Gott und dem Erfinder W.C. Röntgen für die Hilfe. 1976 erkrankte Severin an Gürtelrose, an der er bis zu seinem Tode leiden sollte. Sein rechter Arm hing schlaff herab. Wegen dieser Erkrankung bat der Superior den Pater, das Beichthören im Pflegeheim und die Fahrten nach Ötz einem Jüngeren zu überlassen, Dies fiel Pater von Lama keineswegs leicht. Er war Priester. Fünfundsechzig Jahre hatte er Beichten gehört; bis jetzt waren es an die 160 000 Beichten. Wieviel Freude, wieviel Frieden hatte er spenden dürfen. Aber einmal musste er abtreten. Sein Oberer verwies ihn auf sein Charisma; er habe übergenug mit seinen Kranken zu tun.

Und er heilte Krebskranke und eine Frau, die an Netzhautablösung litt.

Eines Abends spürte er Trigeminusneuralgie vom linken Ohr aus. In der Nacht vergrub er den Kopf tief in die Kissen. Die Wärme vertrieb die Schmerzen. Dafür spürte er am rechten Handgelenk starke Gichtschmerzen. Am nächsten Tag wurde er ins Sprechzimmer gerufen zu einer vierköpfigen Familie. Die Familienmutter hatte beide Gebrechen. Nach dem Segen merkte der Pater die Schmerzen nicht mehr. Dafür empfand er am linken Unterschenkel die Nachwirkung eines Unfalls, später Störungen im Verdauungstrakt und Trübung des rechten Sehfeldes.

Eines Tages fühlte sich Severin gedrängt, sich ausgiebig

mit dem Zen-Buddhismus zu beschäftigen. Eine Woche später traf eine Ärztin ein, die Buddhistin war. Sie stammte aus einer reichen Familie, hatte als Antikommunistin ihr Vermögen verloren und war wegen ihres Glaubens eingesperrt gewesen. Nach der Flucht aus dem Gefängnis hatte sie Medizin studiert.

Lange unterhielt sie sich mit dem Priester über Religion. Er sagte: Auf das Problem des Übels gebe nur die Offenbarungsreligion durch die Erlösungstat Christi eine vernünftige Antwort. Gebannt hörte die Ärztin zu. Gesegnetes Wasser roch für sie nach Veilchen. Acht Tage später kam die Ärztin wieder. Noch stärker roch sie den Veilchenduft. «Ich werde mein Leben nach Ihrem Rat ausrichten», versprach sie.

MYSTISCHES ERLEBEN

Neujahrsnacht 1976: Eine ernste, gütige Stimme sprach deutlich zu Severin: «Eine Stunde nur.» Und sofort fühlte er, im Bett liegend, beide Unterarme schmerzend auseinandergezerrt, die linke Körperhälfte wie erstarrt bis hinunter zur Fussohle und in ihrer Mitte einen Schmerz, als ob sie durchbohrt wäre. Erst dachte der Pater an einen halbseitigen Schlaganfall. Doch er konnte seine Glieder bewegen.

Was bedeuteten diese seltsamen Schmerzen? Musste er etwa für die Sünden sühnen, die in dieser Nacht geschahen? Die Stimme hatte so ruhig gesprochen. Das tröstete ihn, und die Stunde verging.

Ein Jahr vor seinem Tode schrieb er in sein Tagebuch: «Heute gewahrte ich, dass der Heilige Geist Jesu Christi in mir lebt, ein Leben von mir überragend lebt, ja Jesu Leben lebt. An meinen Händen konnte ich es sehen. Was ich erlebe an mir, ist Fortleben Jesu in mir. Er hat als Gottessohn, zugleich als Mensch lebend, seine menschliche Seligkeit erlebt und erlitten. Wir als Priester wirken dies weiter. Auch ich leide für die Mitmenschen weiter durch ihn her.»

Das erste Gebot lautet: «Du sollst Gott lieben aus allen deinen Kräften.» Welche Hingabe und Liebe, welches Entsagen fordert es. Im Mitleiden mit Christi Todesleiden erfüllt es sich. Mystisches Erleben: Unfassbare Einheit eines Menschen mit dem Gekreuzigten.

SEIN LEBEN — EIN KUNSTWERK

1977 schrieb Severin: «Eine stille Melodie strömt wie ein feierlicher Strom des Lebens.» In der Rückschau bezeichnete er sein Leben als einziges Kunstwerk. Und Gott brauchte ihn noch: 1977 litt er an Gürtelrose und hatte heftige Schmerzen; trotzdem war er täglich für seine Kranken da. So umbrandete ihn noch täglich das unruhige Leben der Leidenden, Verirrten, Hilfesuchenden: Ein Angestellter der Universität stellte dem Pater seine Braut vor. Er wolle unbedingt bald heiraten, sagte der Bräutigam. Diese Eile fand Pater von Lama besorgniserregend. Die Heirat wurde jedoch durch den allzu heftigen Einspruch der Familienmitglieder der Braut verhindert. Dies konnte der junge Mann kaum verkraften. Pater von Lama riet ihm zu Gebet in Jesu Namen. Und schon wenige Tage später berichtete der junge Mann dem Pater, er habe einem bekannten Geistlichen ebenfalls sein Leid geklagt. Als dieser den Namen der Braut vernahm, habe er ausgerufen: «Mann, und da trauern Sie noch? Haben Sie Glück gehabt! Wissen Sie nicht, dass sämtliche Mitglieder der Familie geisteskrank sind?»

«Heute kam Herr Keller, ein Holzschnitzer aus der Schweiz», vermerkt Pater von Lama in seinem Tagebuch, «ein lieber alter Herr mit schneeweissem Haar, ein alter Bekannter von mir.» Früher war er öfter um den

Krankensegen gekommen und heute, um dafür zu danken. Sein Hausarzt hatte ihm ein neues Hüftgelenk eingesetzt. Nach vierstündiger Operation und nach einer Heilung innerhalb weniger Tage hatte der Patient dem verblüfften Arzt gestanden, nicht den geringsten Schmerz empfunden zu haben.

Und Pater von Lama schreibt: «Täglich kommen noch Kranke zu mir, in den letzten fünf Wochen vier Frauen mit Unterleibskrebs. Dabei waren alle schon mehrfach operiert und bereits aufgegeben worden, ehe sie zu mir um den Segen gekommen waren.» Sie alle meldeten dem Pater, dass sie geheilt seien.

DER ÄLTESTE DER GENOSSENSCHAFT

Im April 1977 wurde er der Älteste der Genossenschaft der Herz-Jesu-Missionare. Dies hätte er sich nie träumen lassen.

Dreiviertel Jahr vor seinem Tod klagte er über die Schmerzen, die ihm die Gürtelrose bereitete, und über die Abnahme der Sehschärfe, obwohl er bis zu seinem Tod keine Augengläser trug.

«Ich werde eben alt», schrieb er, «doch geistig bin ich noch in Ordnung. Sechs Sprachen spreche ich, und täglich darf ich vielen Leidenden helfen. Ich habe eine innere Ruhe, wie ich nie zu hoffen gewagt habe.»

Die letzte Tagebucheintragung ist vom 1. November 1977. «Allerheiligen erinnert mich an das Jahrhundert . . .» Hier bricht das Tagebuch ab.

Er schrieb noch Briefe an Menschen, die er betreute, und zu Weihnachten eine Karte an die Kinder in Ötz. Man fragte sich, wie er mit seinem kranken Arm noch schreiben konnte.

Im selben Jahr baten ihn seine Mitbrüder, den heiligen Nikolaus darzustellen. Das wagte Pater von Lama in seiner Bescheidenheit nicht. Aber er kam als dessen Abgesandter, mit einer Rose im Knopfloch, brachte ein Beglaubigungsschreiben mit und sprach im klassischen Distichon.

Mit seinem jetzigen Superior verstand er sich gut. Pater von Lama bezeichnete ihn als glücklichen Sanguiniker. Immer noch nahm er im Innsbrucker Kloster regen Anteil am Scholastikatsleben der jungen Fratres als väterlicher Freund, Berater und Seelsorger. Die meisten Fratres respektierten ihn, manche lehnten seine Art ab. Solche Leute bezeichnete Pater von Lama als 'strohdumm'. Bis zu seiner Todeskrankheit verbrachte Pater von Lama täglich ein oder zwei Stunden im Zimmer des Superiors, berichtete ausführlich über seinen Tagesablauf und lieferte jeden Groschen ab, den er als Spende bekommen hatte.

Im Januar 1978 gab es im Kloster eine Feier, bei der Pater von Lama nicht fehlte. Er sang mit kräftiger Stimme Lieder und blieb bis 22 Uhr.

DIE TODESKRANKHEIT

Ein paar Tage später musste er wegen einer schweren Erkrankung in Spitalsbehandlung. Er hatte Lungenentzündung und litt an anfallsartigem Erbrechen. Die Lungenentzündung heilte aus, aber bald folgte die nächste, die, gepaart mit Erbrechen, zum Tode führte.

Man stellt sich die Frage, ob der Dämon aus dem ersten Besessenheitsfall seine Drohung wahrmachen konnte, ihm eine sehr schwere Todesstunde zu bereiten.

Schon früher hatte Severin bei Grippe geklagt, das Fieber nehme ihn mehr mit als einen seiner Mitbrüder. Jetzt fieberte er hoch. Noch einmal bäumte sich sein so oft unterdrücktes Selbstgefühl auf. Der Superior berichtete, Pater von Lama sei keineswegs ein einfacher Patient gewesen.

Pater Superior, die anderen Mitbrüder und auch Studenten des Studentenheims des Herz-Jesu-Klosters hielten abwechselnd Nachtwache bei Pater von Lama. In ihrer Fürsorge wollten sie ihn nachts nie allein lassen. So bekam er noch zu Lebzeiten die menschliche Wärme, nach der er sich jahrzehntelang gesehnt hatte. Dass er sich trotzdem schwer tat, dafür sorgte nicht bloss seine Krankheit, sondern wohl auch der Dämon. Severin erblickte ihn öfters in einer Ecke des Krankenzimmers und sagte: «Dort sitzt er.» Aber der Pater war nicht beunruhigt. Welche Kämpfe hatte er wohl noch zu bestehen, für wieviele Kranke noch alle Schmerzen und alle Versuchungen auf sich zu nehmen?

Früher hatte er sich in dämonischen Träumen gewehrt und im Traum den Exorzismus gebetet. Dieses kleine Stück Freiheit, das er im Traum gehabt hatte, blieb ihm wohl in seinen Fieberphantasien.

Pfarrer A.M. Weigl, Autor zahlreicher katholischer Schriften, besuchte Pater von Lama einen Tag vor dessen Tod. Pater von Lama erzählte noch von seinem Wirken. Dann sagte er: «Ich bin glücklich, Gott liebt mich.»

Am nächsten Tag, den 2. März 1978, hatte er wieder einen Anfall von Erbrechen. Diesen letzten hielt er nicht aus.

Er starb um 7.15 Uhr, genau zu dem Zeitpunkt, da er so oft in seinem Leben während der heiligen Messe die Wandlungsworte gesprochen hatte.

Auf dem Friedhof Mariahilf in der Sonnenstrasse in Innsbruck wurde er zur ewigen Ruhe gebettet.

Bald wurde die erste Heilung bekannt, die auf seine Fürbitte hin erfolgt ist: Mit einer Darmblutung wurde Walter Hochwimmer, der eingangs erwähnt wurde, in eine Klinik eingeliefert. Es bestand akute Lebensgefahr. Als er am 3. März 1978 von Pater von Lamas Tod erfuhr und ihn im Gebet anrief, trat schlagartig eine Besserung ein. Zehn Tage später konnte der Patient die Klinik verlassen.

Severin von Lamas Leben war von frühester Kindheit an ein Streben nach Gott. Die in diesem Kampf geballte Kraft bestimmte die Geradlinigkeit seines Lebens. Gleich einem Pfeil trug ihn seine Sehnsucht in die Nähe Gottes, in das Licht mystischer Helle, aber auch in unfassbare Einsamkeit. Vergebens suchte er Halt bei Menschen, wurde missverstanden, verkannt. Dreissig Jahre lang wartete er vergeblich auf eine Berufung in die Mission. Er aber klagte weder Gott noch die Menschen an, sondern unterwarf sein eigenes Wollen dem Willen des Schöpfers. Und siehe: sein Leben entfaltete sich voll: als Exorzist führte er einen Kampf gegen Dämonen; das Charisma der Krankenheilung wurde ihm zuteil, und im Alter fand er den Frieden, den er so lange ersehnt hatte. Am Samstag, den 4. März 1978 um 10 Uhr wurde in der Hauskapelle der Herz-Jesu-Missionäre in Innsbruck das feierliche Requium für Pater von Lama gehalten. Anschliessend geleitete ein grosser Trauerzug den Verstorbenen auf den Landesfriedhof Mariahilf an der Sonnenstrasse zur letzten Ruhe. Er, der immer so lebendig gewirkt hatte bis ins hohe Alter; der gute Vater, bei dem soviele Menschen ihre Sorgen, ihre Schmerzen abgeladen hatten. Als er noch lebte, sagte ich einmal halb scherzhaft, halb im Ernst zu ihm: «Pater von Lama, wenn Sie einmal drüben sind, nicht, dass Sie uns dann im Stich lassen.» Er antwortete ganz ernst: «Aber ganz bestimmt nicht, denn vom Himmel aus kann ich erst richtig helfen.»

Er hat Wort gehalten. Der Superior, Pater Dr. Harald Gnilsen, hat den Kreuzpartikel vom Verstorbenen geerbt. Mit diesem Kreuzpartikel segnet er die Kranken und ruft Pater von Lama um Hilfe an. Die Zahl derer, die brieflich oder mündlich bestätigen, dass sie durch den Segen oder durch ein Gebet am Grab auf die Fürsprache von P. Severin von Lama geheilt worden sind, reisst nicht ab.

Auswahl aus seinen Gedichten

IN DEN SÜDTIROLER DOLOMITEN

Unter des Himmels strahlendem Blau
Ruh' ich zwischen Lava und Marmorgestein.
Kohlröslein duften. Noch funkelt der Tau.
Weit schweift mein Blick in die Lande hinein.
Und ich bin so selig und ganz allein —
Wie herrlich, so nah dem Himmel zu sein!

Dort ragt das Sellamassiv empor.
Auf den Schultern den schneeweissen Hermelin
tritt stolz die Marmolata hervor.
Von des Rosengartens Riesenrubin
weisse Bäche hinab ins Fassatal ziehn,
und meine Gedanken zum Schöpfer hin,
in dem ich so selig, so glücklich bin.

Ferientage! Still steht die Zeit —
Durch die Halme um mich ein Lüftchen weht.
Ist es Sinnbild, ein Hauch aus der Ewigkeit?
Ist es ein Mahnen, das an mich geht,
oder zartes Erinnern, das leis zu dir fleht?
Mein Herz weiss die Antwort drauf. Sie heisst: Gebet.

Severin von Lama

DER VERLASSENE

Sechs Kerzen brannten an einem Sarg
in tiefer Nacht,
der dir dein Liebstes, dein Alles barg.
Dann ward er zugemacht.
Was weiter geschah, ich weiss es nicht —
mit ihm erlosch mein ganzes Licht.
Einsam harr' ich am Strande.
Sechs Engel singen ein Willkommlied,
indes ein Nachen ans Ufer zieht
in des Morgenrots Lande.

O, dunkle Nacht, o, Morgenrot!
Ein Meer liegt dazwischen, das heisst Tod.
Wann wirst du den Nachen besteigen?
Es plätschern die Wellen. Wer kann sie verstehn!
Es flüstert der Wind! Heisst's Wiedersehn?
Nur Nacht und Dunkel und Schweigen.

Severin von Lama

IN KONNERSREUTH

Es war zu Konnersreuth am Freitag Vormittag.
Vom Kirchturm schlug der Bibel neunte Stunde.
Viel fremdes Volk stand vor dem Häuschen. Doch es lag
Ernst, tiefer Ernst auf jedem Antlitz in der Runde.

Der Bäuerinnen schwarzes Kopftuch fast verschwand
vorm schwarzen Filz der Herrn nach
heut'ger Art getragen.
Und Kopf an Kopf Franzos und Ami stand,
selbst einen Sohn Ostasiens hat's hierher verschlagen.

Doch wer auch sprach, in welcher Sprache Laut,
leis sprachen sie und nur von der da droben,
dem schlichten Kind des Volks, das sich als Königsbraut
der Himmel hat erwählt und dieser Welt enthoben.

Geschlossenen Auges und im Leid ergeben,
die Wangen frisch durchströmt von blut'gen Tränen,
die wunddurchbohrten Hände ringend.
Wer sie so gesehn,
der wusste nur zu gut: Hier ging es um den einen,

den einen, der da ihr, der unser alles ist,
sind auch Jahrtausende seither vergangen,
der einz'ge Welterlöser Jesus Christ,
den jeder mit ihr sah am Kreuze hangen.

Und später: In Christus und mit Christus leidest du.
Ich habe mir den Kopf nicht mehr zerbrochen,
wie das nur möglich sei, warum, wozu,
wie leis vor mir zwei Ärzte sich besprochen.

Dann war es aus, schloss sich des Hauses Tor.
Nicht einen sah ich aus der Menge lachen,
und einer, einer sprach zu mir:
«Herr, meine Lebensbeichte möcht ich machen.»

Severin von Lama

HEILIGE STUNDE

O, Mondesnacht, wie klar dein Silber floss
durch's Ölzweiggitter über's Kalkgestein,
darauf ein Antlitz ruhte, Augen tief und gross,
zum Vater flehten in des Harmes Pein.
Ja, Deines Harmes Pein, mein Jesus.

O, Seelennacht, wenn kaum die Zeit verrinnt.
Kein Fünklein Trost und Licht mehr
aus dem Innern quillt.
Wie furchtbar schwer selbst für ein Gotteskind,
dem keines Freunds Verstehn den Durst der Seele stillt,
von Deines Herzens Durst, damals, mein Jesus.

O, Nacht der Nächte, wenn die Liebe steigt,
bis sie ihr letztes selbst noch gibt,
doch aus der Herzen Felsen jedes Echo schweigt —
Nein, nicht umsonst hast du auch mich geliebt.
Drum denk ich betend noch in dieser Stunde,
dein, mein Jesus.

Severin von Lama

AVE MARIS STELLA

Es ist so wirr der Welten Treiben!
Wo winkt dem Seelenschifflein Ruh?
Du bist der Port. Da kann ich bleiben,
o, Meeresstern, Maria, Du!

Du birgst ja in den Mutterhänden
das Kindlein, das die Welten trägt,
und alle Sehnsucht muss dort enden,
Wo Gottes Herz an Deines schlägt.

Und alle Schmerzen gehen schlafen,
wo deine Hand sie mild betaut.
Geleit uns all zum sichern Hafen,
da uns umtobt der Sturm so laut!

O, Mutter, Du, zu der wir fliehen,
o, blick herab von Deinen Höhn.
Und gib uns, die wir vor Dir knieen,
bei Dir ein sel'ges Wiedersehn!

                    Severin von Lama

ZUM BRAUNEN ATTENTAT
IM MÜNCHNER KOLPINGSAAL (1933)

Die Altäre habt ihr zertrümmert und die
Kreuze zerschlagen.
Der, den ihr Führer nennt, hat dazu nichts zu sagen?
Damit wissen wir, woran wir sind.
Mag noch so hoch die braune Flut ihn tragen,
mag eures Hochmuts Flamme bis zum Himmel schlagen,
vor dem Ew'gen ist er, seid ihr, nur Spreu im Wind.

Wieder sind wir um eine Hoffnung ärmer geworden!
Wieder brach in die reifende Saat ein Sturm
aus dem Norden,
doch die Saat war meiner Väter Land.
Ging es heut gegen Gott, wer wehrt morgen das Morden?
Wenn heut Asiens Geist, kommen morgen seine Horden,
Elend und Not, wie sie noch keiner gekannt.

Graut so der Morgen, fürchterlich wird es noch tagen.
Wer nicht für mich ist, ist gegen mich! höre ich sagen,
eine Losung, schwer wie Bergeslast.
Doch wer sie gab, liess dafür ans Kreuz sich schlagen,
Christus. Ja, du bist Führer! Dir folg ich ohne Zagen,
Ew'ger, weil du nur Worte des Lebens hast.

Vor ihm, was sind da all eure braunen Phrasen,
eurer Funktürme Lügen, eurer Fanfaren Blasen,
aller Marschkolonnen Trampeln,
euer Sieg-Heil-Schrein?
Mögt ihr sogar gegen weisse Fahnen noch rasen,
fremde Sieger seh ich einziehn auf zerstörten Strassen,
denn das letzte Wort wird immer Gottes sein.

Severin von Lama

WEIHNACHTSLIED

Sei mir gegrüsst, lieb Kindlein!
Du liegst im Kripplein zart,
die Äuglein im Schlummer geschlossen.
Wie ist Dein Bettlein so hart.
O, gerne möcht ich legen in mein Herze Dich zur Ruh,
Dich hüten, Dich wärmen und pflegen,
mein liebstes Brüderlein, Du.

Ich habe Dich so gerne. Was kann ich für Dich tun?
Dir dienen die Sonnen und Sterne,
Dir Welten zu Füssen ruhn.
Dir warten die Engel Scharen; die Hölle zittert vor Dir —
und Du, wie kann ich es fassen, bist Brüderlein mir.

O, schlafe, Kindlein, süsses,
und höre die Englein im Traum!
Einst wirst Du grässlich entschlafen
im Tode am Kreuzesbaum.
Entstellt, zermartert, zerschlagen.
Und alles das für mich —
Was kann ich anders sagen als: Kindlein, ich liebe Dich.

Severin von Lama

SEGENBÜCHLEIN

VOM SEGEN UND FLUCH ÜBER MENSCH UND VIEH[1]

Von P. Ritter Severin von Lama

In meiner Heimat gab es ein Sprichwort: Der Segen eines neuge-
weihten Priesters ist soviel wert, dass man ein junges Ross zu-
schanden reiten darf, um ihn zu bekommen. Das mag freilich
übertrieben sein, zumal wenn man weiss, was so ein junges
Rössl unsern Bauern wert war. Ging doch bei ihnen auch ein
boshafter Vers um, natürlich auch nicht ohne Übertreibung:

> Wenn die Weiber sterben — dann ist's kein Verderben;
> Aber wenn die Gäul verrecken — dös is a Schrecken.

Nun steckt in jedem Sprichwort eine alte Erfahrung, was man
nicht gerade vom obigen Vers sagen kann. Wollen wir ihrem
Goldgehalt nachspüren, dann müssen wir zuerst bedenken:

Was segnen ursprünglich bedeutet

Segnen heisst zunächst soviel wie Segen spenden. Den vom
Priester gespendeten Segen hast du wohl schon oft in der Sonn-
tagsmesse empfangen. Du weisst vielleicht davon nur, dass die
Messe dann bald aus ist. Hat man den Sinn einer Sache noch
nicht recht erfasst, sagt einem sogar die ganze Messe nicht viel.
Dein Nachbar im Kirchenstuhl hingegen ist ihr andächtig gefolgt und verspürt ihre wie ihres Segens Wirkung die ganze Woche, ja im ganzen Leben.
Darum einmal aufgepasst, was der Priester eigentlich tut, wenn
er den Segen spendet! Zuerst küsst er den Altar, erhebt die Augen, dann breitet er die Hände aus und erhebt sie, macht ein
grosses Kreuzzeichen und spricht, das Haupt vor dem Kreuze

---

1) Das Segenbüchlein erschien mit folgendem Imprimatur:
Kirchliche Druckerlaubnis, Salzburg, 26.10.1964.
Nihil obstat. P. Leopold Kapa, Provinzial MSC.

verneigend, lateinisch oder deutsch die Segensworte: «Benedicat vos omnipotens Deus: Pater et Filius † et Spiritus Sanctus. Es segne euch der allmächtige Gott, der Vater und der Sohn † und der heilige Geist.» Das Volk antwortet mit: «Amen.»

Nun heisst Zeichen auf Lateinisch Signum, woher unser Wort Signal kommt und Bezeichnen — wie hier mit dem Kreuzzeichen — Signare, woher eben unser deutsches Wort Segen kommt. Was es bedeutet, verrät schon das erste Wort: Benedicat, uns bekannt vom Gruss des Engels her (Lk 1,41 und 42): «Du bist gebenedeit unter den Frauen.» Damit wird jemandem *etwas Gutes gesagt,* sogar in göttlichem Auftrag gewünscht, darum mit göttlicher Wirksamkeit. Diese aber kennen wir hinreichend von den Wundern des Gottessohnes her.

So kann also Gutes herauskommen, wenn der Priester als sein Nachfolger uns *Gutes sagen* muss, natürlich auch wünscht. Und da der göttliche Heiland (Lk 6,25) uns alle aufgefordert hat, so einander Gutes, göttliche Wohltaten zu erflehen — ob mit oder ohne entsprechende Gebärde ist unwesentlich —, heissen wir eine solche Äusserung *Segenswunsch* oder *Segen,* manchmal auch ihre Wirkung. Diese ähnelt also der des Gebetes. Wir werden freilich noch hören, was sie aufhalten kann. Eben das wollen wir durch unser Büchlein beseitigen helfen.

Woher kommt der Segen?

Zunächst selbstverständlich von Gott als dem Urheber alles Guten, dem Veranlasser auch aller guten Wünsche (Jk 1,17). Erzählt doch schon das erste Kapitel der Heiligen Schrift (Gen 1,28): Nach der Erschaffung der ersten Menschen segnete sie Gott und sprach: «Wachset und vermehret euch und erfüllet die Erde und macht sie euch untertan!» Ebenso segnete er Noe (Gen 9,1) und Abraham (Gen 12,2), lässt diesen segnen durch Melchisedech (Gen 14,18). Isaak (Gen 48,60) segnet weiter seine Söhne, dann Jakob die seinen als die zwölf Stammväter Israels. Mit dem Aufkommen des jüdischen Priestertums segnet Aaron, sein erster Hoherpriester; sein Nachfolger bestimmt und weiht unter Salbung Saul, dann den jungen David zum Könige. Ja die Segensformel (Num 6,28), deren sich ferner die jüdischen Prie-

186

ster bedienten, ist so schön, dass noch der heilige Franz von Assisi sie benützt beim Abschied von den Seinen:

Der Herr segne und behüte dich!
Der Herr zeige dir sein Antlitz und sei dir gnädig!
Der Herr wende zu dir sein Angesicht und
gebe dir den Frieden!

Als der Gottessohn zu uns Menschen kam, segnete auch er die Seinen, Frauen und Kinder, selbst Speise und Trank. Freilich brauchte er sich dabei nicht ausdrücklich auf Gottes Namen zu berufen, sondern konnte seinem Wunsch und Willen gleich mit göttlicher Allgewalt Ausdruck und Wirkung verleihen, so beim Aussätzigen: «Ich will, sei rein!» oder zum Toten von Naim: «Jüngling, ich sage dir, steh' auf!» Als äusseres Zeichen legte er dabei etwa die Hände auf oder streckte sie darüber aus. Er bediente sich der Worte bei der Wirkung in die Ferne wie beim Knecht des Hauptmanns von Kapharnaum, ja manchmal liess er die Heilung sogar wortlos geschehen, wie beim kananäischen Weibe, das ihn berührte.

In Jesu Auftrag segneten, ja heilten dann auch die Seinen und zwar ausdrücklich in seinem Namen, um ihn hiedurch als unsern Mittler vom Vater her zu bezeichnen. So Petrus gleich nach dem ersten Pfingstfeste bei der Heilung des Lahmen im Tempel oder Paulus in Lystra, wie dann fast jeder Apostelbrief mit einem Segenswunsche beginnt. Die begleitende Gebärde scheint dabei nach Christi Vorbild nur die Handauflegung gewesen zu sein, später das Kreuzzeichen — wieder ein Hinweis auf den Segensquell. In der östlichen Kirche wurde es durch die drei mittleren Finger, in der westlichen durch die gestreckten Finger der ganzen Hand ausgeführt. Solche Mannigfaltigkeit deutet schon an, dass hiebei weder Wortlaut noch Zeichen wesentlich sind, ausser wo es liturgisch anders vorgeschrieben wäre wie bei der Feier der Heiligen Messe.

Wer darf segnen?

Dem Gesagten zufolge *jedermann,* der dadurch seiner Liebe zum Nächsten Ausdruck verleihen und nach der Aufforderung des Heilandes dem zu Segnenden irgendwelche Hilfe Gottes verschaffen will. Dass die Eltern ihre Kinder segnen sollen, lehrt schon die Heilige Schrift des Alten Testamentes (Sir 3,9). Dass die Eheleute sich gegenseitig segnen sollen, liegt im Sinn ihres Sakramentes.

Ein Sakramentale geradezu, d.h. sakramentähnlich durch die dahinterstehende Weihegewalt der Kirche, ist der Segen des Diakons, besonders der des Priesters, der geweiht ist, *zu weihen und zu segnen* und zwar alle Geschöpfe Gottes, nachdem doch die ganze Schöpfung (Röm 1,27) «unter dem Fluche der Erbsünde seufzt». Vergräbt er dies Talent, kann ihm selbst schwere Verantwortung (Mt 25,25) drohen.

Ist ein Unterschied in der Wirkung, ob St.Petrus sein erstes Sendeschreiben an die Gemeinden Kleinasiens (1 Petr 5,13) oder ein Bischof seinen Hirtenbrief oder der Papst seine Enzyklika mit einem Segenswunsche schliesst, ob der Bischof nach der Firmung mit Mitra und Stab oder der Heilige Vater von der Loggia von St.Peter aus den Segen feierlich erteilt, wobei die Lautsprecher dann seine Stimme über den weiten Platz hin- und die Radiowellen hinaustragen in die ganze Welt, wo ungezählte Gläubige demütig ihr Haupt neigen zum Empfang?

Noch einen Schritt weiter: Ist doch der vornehmste Segen zweifellos der des Gottmenschen selber, des hohen, ja höchsten Priesters der ganzen Schöpfung! Mag er mit der Monstranz oder mit dem Ziborium gegeben werden, immer ist es Er selber, der dabei von der konsekrierten Hostie aus segnet, weshalb der Priester sich dabei schweigend verhält.

Aber welcher Segen ist wohl der wirksamste?

Bekanntlich ist mit dem päpstlichen Segen ein vollkommener Ablass verbunden, also Nachlass aller zeitlichen Sündenstrafen. Befragt man die Gläubigen, kann man hören, dass seine Erteilung durch einen einfachen Priester — etwa bei einer Volksmission oder bei Exerzitien — am wirksamsten empfunden wird. Konnte sich doch dabei das Kuriosum ergeben, dass ein Jesuitenpater aus Feldkirch bei einer Audienz Papst Pius IX. versichern konnte: «Heiliger Vater, auch ich habe dir schon einmal

188

den päpstlichen Segen erteilt»[2]. Vielleicht mag es der Elternsegen gewesen sein, wenn das erwachsene Kind noch einmal vor Vater und Mutter hintrat, die ihm mit feuchten Augen und zitternder Hand das Kreuzlein auf die Stirne gemacht haben, was man nie mehr vergass das ganze Leben lang. Wer könnte sagen, ob nicht jener Ablasssegen, der in der Sterbestunde erteilt wurde, der wirksamste war? Wieder mag es die grössere Überzeugungskraft oder Frömmigkeit sein, welche die Gläubigen veranlasst, den Segen der Primizianten oder ehrwürdiger Priestergreise besonders aufzusuchen. Was daran ist, werden wir noch hören.

[2] Auf Grund einer besonderen Vollmacht kann bei bestimmten Anlässen vom Priester der päpstliche Segen gespendet werden. Er soll bewusstmachen, dass dem Inhaber des Petrusamtes das Heil jedes einzelnen Gläubigen am Herzen liegt.
Bevor der Segen gespendet wird, soll darauf hingewiesen werden, dass damit ein vollkommener Ablass unter den allgemeinen Bedingungen (Beichte, Empfang der Kommunion, Gebet nach Meinung des Papstes) verbunden ist.
Der päpstliche Segen ersetzt den Schlusssegen der vorausgegangenen Feier. Wird am Ende eines Wortgottesdienstes ein eucharistischer Segen gegeben, geht der päpstliche Segen diesem voraus.

Segensgebet

Z.: Der Herr sei mit euch.
A.: Und mit deinem Geiste.
Z.: Lasset uns beten.
   Allmächtiger, ewiger Gott, hilf uns und erhöre das Volk, das dich um dein Erbarmen und um deinen Segen bittet. Strecke deine Hand aus, schenke uns die Fülle deines Segens und führe uns zum ewigen Leben, der du lebst und herrschest in alle Ewigkeit.
A.: Amen.

Der Zelebrant nimmt ein Kreuz in die rechte Hand, zeichnet damit das Zeichen des Kreuzes über das Volk und spricht dabei:
Z.: Es segne euch der allmächtige Gott, der Vater und der Sohn †
   und der Heilige Geist.
A.: Amen.

Die Gläubigen beten nach Meinung des Papstes Glaubensbekenntnis, Vater unser, Gegrüsset seist du, Maria und Ehre sei dem Vater.

Wer? Sonderbare Frage denkst du wohl und hast die Antwort vielleicht schon bereit: Jeder Mensch, Mann, Frau und Kind. Richtig! Auch die Verstorbenen? Wohl kaum die in der Todsünde Verstorbenen; nur wissen wir, Gott sei Dank, von keinem Menschen sicher, ob er wirklich verdammt ist. Es kann sich ja im letzten Augenblick noch manches in der Seele ändern. Doch kann bei Todsündern zu Lebzeiten ein Segen als Fürbitte die Gnade der Bekehrung wirken, ebenso bei Irrgläubigen, Ungläubigen, selbst bei noch nicht Getauften, sind doch nach dem kirchlichen Rechtsbuch auch die Katechumenen vom liturgischen Segen der Kirche nicht ausgeschlossen.

Im Deutschen pflegen wir nicht streng zu unterscheiden zwischen einem Weihe- und einem Bittsegen. Durch den ersteren wird jemand dauernd in einen Stand versetzt wie etwa der Priester, der Abt oder die Äbtissin. Dies gilt auch für Gegenstände wie etwa die Kirchenglocken. Beim Bittsegen hingegen wird Gottes Beistand herabgerufen auf eine Person z.B. auf die Brautleute oder den Gebrauch einer Sache. Dies gilt von der Speisenweihe an Ostern bis zur letzten Arznei, von der wir uns noch Hilfe versprechen.

Der hier zugrunde liegende Gedanke ist eigentlich so alt wie die Menschheit selber. Von jeher werden nach altem Volksbrauch Personen, Gegenstände, Gebäude, Örtlichkeiten, selbst Zeiten Gott angeboten — lateinisch «offerre» = opfern. Gott hat diese Weihe- und Segensakte für gut befunden und bestätigt, angefangen von der Weihe Aarons und des Bundeszeltes bis auf die Weihe des Barnabas und die Auserwählung des Paulus zum Völkerapostel (Apg 13,7) und deren Handauflegung auf ihre Nachfolger (Apg 5,6; 1 Tim 4,14 und 5,22). Davon erzählen unsere Wallfahrtsorte, ihre Heiligtümer, Statuen, Bilder, Votivtafeln und die Denkmünzen und Andenken der heimgekehrten Pilger.

Gewiss ist ein Unterschied, ob der Priester segnet, dem dazu der Bischof bei der Weihe ausdrücklich die Vollmacht übertragen hat oder ob die Eltern, eingedenk der Schriftworte (Sir 3,9), ihre Kinder segnen, oder, ihres heiligen Standes bewusst, sich selber gegenseitig das Kreuz auf die Stirne machen. Vom Unterschied, wie man Segen empfängt, werden wir noch hören.

Nachdem wir Leben und Erdenzeit von Gott, dem Schöpfer, erhalten haben, um uns damit unsre ewige Seligkeit zu verdienen, sollen alle andern Geschöpfe uns dazu dienlich und geweiht sein und benützt werden, also Speise und Trank, Kleidung und Wohnung, Arbeits- und Verkehrsmittel, vom Zugtier bis zum Auto, vom Ozeandampfer bis zum Düsenflugzeug.

Wie wird Segen und Weihe gespendet?

Wer erstmals das Buch des kirchlichen Brauchtums, das Rituale, durchblättert, wird überrascht sein nicht bloss vom Alter vieler Gebete, mehr noch wie die Kirche mit ihren priesterlichen Segnungen den Wünschen der Gläubigen bis zur neuesten Zeit entgegenkommt, indes die Laien durch die gute Meinung, durch Gebete bei Tisch, mit Gottesnamen, Kreuzzeichen, Besprengung mit Weihwasser und dgl. dieses Brauchtum fortsetzen. Dass hierin noch Tieferes sich birgt, soll vorläufig nur angedeutet werden.

Verwunderlich ist nur, dass diese alten Geistesschätze unsern Gläubigen so wenig bekannt sind, dass über diesen dankbaren Predigtstoff so selten gesprochen wird, weshalb auch dieses Büchlein geschrieben wurde. Denn überall, wo solch schöne und tiefe Auffassung unsres Tagwerkes aus dem christlichen Glaubensleben schwindet, nistet sich sofort der Aberglaube und noch Schlimmeres ein. Darum sofort unsre weitere Frage:

Wie soll der Segen empfangen werden?

Zwar ist es nicht unbedingt notwendig, aber man sollte im Stand der heiligmachenden Gnade sein, damit der Segen zur vollen Wirksamkeit gelangen kann. Hat doch der Heiland selber erklärt: «Suchet zuerst das Himmelreich und seine Gerechtigkeit, alles Übrige wird euch hinzugegeben werden» (Mt 6,33)! Ist doch die Menschenseele das Wichtigste an uns Erdenbewohnern; sie zu retten, ihr das durch den ersten Sündenfall verlorene Anrecht auf die ewige Seligkeit wieder zu erwerben, ist ja der Sohn Gottes auf unsre Erde gekommen. Wenn es durch die Todsünde wieder verloren gegangen, können wir es durch das hiefür eingesetzte Sakrament der Busse wiedergewinnen. Ist dies gerade nicht möglich, genügt sogar die Erweckung der vollkommenen Reue.

Kein irdischer Vater (Lk 11,12) wird seinem kranken Kinde auf dessen Bitte hin nur etwa Spielzeug schenken statt der Medizin, die allein sein Leben retten würde. Wird dann der himmlische Vater seinem Menschenkinde durch den Segen bloss irdisch Hab und Gut schenken, allenfalls noch die körperliche Gesundheit, die weit wichtigere der Seele aber ihm vorenthalten, auch wenn wir uns ihres Mangels gar nicht bewusst sind? Darum wurde die heiligmachende Gnade an erster Stelle als Vorbedingung der erbetenen Wirksamkeit genannt.

Wie schon der Name Bittsegen als weitere Vorbedingung verrät, sollen wir nach Christi Worten *bitten,* obwohl seiner ausdrücklichen Versicherung nach «unser Vater im Himmel droben weiss, wessen wir bedürfen» (Mt 6,9; Joh 16,24). Müssen doch auch die Kinder ihre Eltern ums tägliche Brot bitten, damit sie sich der Spender wie der Dankespflicht gegen sie und der Verantwortung für das Erhaltene bewusst werden.

Wir übersehen meistens, dass Jesus ausdrücklich verlangt hat (Joh 14,13; 5,15), dass wir in seinem Namen bitten, also in seinem Sinne, so wie er gebetet hätte: «Vater im Himmel, falls es Deinem heiligen Willen nicht widerspricht, gib mir das Erbetene!» (Vgl. Mt 26,39). Wir können auch hinzufügen: «Sonst eben, was deine Allwissenheit und Güte als das Wertvollere erkennt!» oder «Falls das Erbetene zum Seelenheile gereicht.» Lässt die Erhörung auf sich warten, mögen wir bedenken, ob nicht auch wir den göttlichen Gast und Bettler manchmal warten liessen. Trotzdem in unserm Warten und Bitten auszuharren, hat er selber uns gelehrt in der Parabel vom Nachbarn, der so ungestüm um Brot gebeten wurde (Lk 11,5). Nach solchen Voraussetzungen wird immer eine Erhörung folgen (Mt 7,7), woran unser priesterlicher Einfluss oft staunenswert teilnimmt. Dass Segen zugleich mehreren gespendet werden kann, lehrt ja schon jede Messe, von deren unterschiedlichen Wirkung wir eingangs gesprochen haben. Tausende warteten um den Salzburger Dom, als die Trompeter die Segnung durch den berühmten Kapuziner Marco d'Avinao ankündigten und sein Dolmetscher und Sprecher die vielen Heilungsuchenden aufforderte, vollkommene Reue zu erwecken, und, falls dann Heilung ihrer Gebrechen erfolge, sich der erzbischöflichen Untersuchungskommission zu stellen.

Jede, auch die schon erwähnte Feierlichkeit des päpstlichen Segens wird einmal übertroffen, wenn am jüngsten Tage der Sohn Gottes selber alle Gesegneten seines Vaters auffordert, das Reich in Besitz zu nehmen, das ihnen von Anfang an bereitet war (Vgl. Mt 25,34), wenn dann die «unzählbare Schar der Seligen aus allen Völkerstämmen, Geschlechtern und Sprachen» die Erhörung all ihrer Bitten und Wünsche, die Erfüllung allen Segens erfahren wird.

Warum segnen wir eigentlich?

Diese Frage führt zum zweiten Teil unsres Büchleins und erheischt ein weiteres Ausholen: Zunächst gibt es, der göttlichen Offenbarung zufolge, gute Engel und gefallene, die Dämonen. Von diesen her — als Folge der Verführung im Paradies — «ist durch den Neid des Teufels der Tod in die Welt gekommen» (Weish 2,24). Seither kann man gerade von einer *Herrschaft des Teufels* über das ganze Menschengeschlecht reden, erkannte ihm doch die Kirchenversammlung von Trient die *Herrschaft des Todes* zu, Christus selber (Joh 12,31) hat ihn den *Fürsten dieser Welt* genannt, der Völkerapostel sogar den *Gott dieser Welt* (2 Kor 4,4). Hieraus folgert er dann in seinem Römerbrief (Vgl. Röm 8,19ff), dass seitdem auch die Schöpfung der Knechtschaft der Verderbnis unterliegt, ja, seufzend wartet auf die Erlösung, auf die Herrlichkeit der Kinder Gottes.

Diese Herrlichkeit — richtiger Herreneigenschaft — üben wir aus, wenn wir im Namen des Herrn als Priester seiner Kirche, ja schon als Kinder Gottes, Geschwister unsres göttlichen Bruders, uns ihrer liturgischen Gebräuche bedienen. Dass hiezu die Kirche ausdrücklich die Gewalt empfangen hat, darüber lassen die letzten Worte des Markus-Evangeliums, also eigentlich des Petrus-Evangeliums, keinen Zweifel (Mk 16,17). Darum beginnen selbst ihre Segnungen so oft mit einem Exorzismus, einem

Befehl im Namen Jesu oder des dreieinigen Gottes, womit das zu segnende Geschöpf zunächst dem Einfluss des Bösen entzogen wird. Ob dieser Einfluss durch Luft, Licht, Strahlung oder Nahrung, ob er chemisch, physikalisch, biologisch oder anders erfolgt, ist für unsre Zwecke nebensächlich.

So beginnt schon die einfache Segnung des Salzes oder Weihwassers mit dem Exorzismus. Darauf werden die natürlichen Eigenschaften des jeweiligen Geschöpfes genannt, welche die Segnung zu ähnlicher, übernatürlicher Wirkung steigert (in jedem Falle Schutz vor dämonischer Beeinflussung). Dass — ganz im Sinn der Heiligen Schrift (Sir 38,1) — dadurch der Arzt nicht ausgeschaltet wird, daran erinnert die Segnung der Kranken und ihrer Medizin. Wohl hängt die Grösse der Segenswirkung auch von der unseres Vertrauens ab; ja, nachdem der Schöpfer seine Naturgesetze nicht umsonst eingesetzt hat, auch von der Zeit, in welcher wir durch unser Gebet, Weihwasser, Anwendung von Reliquien und dgl. mithelfen können.

Oft genug wird man, wenn man als Priester zur Segnung eines Stalles oder von krankem Vieh gerufen wird, die Leute an den Tierarzt verweisen, auf ungesunde Fütterung oder Bauweise, bei mangelnder Kirnung der Milch auf der Alm auf vorherigen Pilzgenuss und dgl. hinweisen, aber trotzdem gern die Segnung vornehmen, zumal wenn man dabei Erfahrungen machen kann, die mancher «wissenschaftliche Lektor» meines Büchleins einfach als unmöglich erklärt hat. Darum noch ein ernstes Kapitel:

Vom Gegenteil des Segnens

Wie zum Glauben der Aberglaube, so verhält sich zum Segen und Segnen das Fluchen. Und da man auch vom Gegenteil lernen kann, zunächst hierüber eine Klarstellung:

Was hierzulande meist *Fluchen* genannt wird, ist eigentlich nur Schelten, Missbrauch heiliger Namen aus Ungeduld, Eitelkeit, mitunter aus gedankenloser Anrufung hervorgegangen. Ich fuhr einmal in der Bahn mit einer älteren Südtirolerin, die von ihren welschen Landsleuten her sich angewöhnt hatte, bei jedem Satz sinnlos einen heiligen Namen einzuflechten. Ich hielt ihr vor, was sie dazu sagte, wenn ich es mit dem Namen ihrer

Mutter so machte, was doch noch keine Sünde wäre; sie solle in ihrer Ungeduld höchstens sagen: Zum Kuckuck nocheinmal! Das wäre wenigstens keine Sünde, da der kein Heiliger sei! Offenen Mundes starrte sie mich an und gab klein bei. Man sollte auch solchen Unfug ernster nehmen, nachdem Gott selbst auf leichtfertiges Aussprechen seines Namens im Alten Bunde sogar die Todesstrafe gesetzt hatte (Lev 24,15). Darum griffen hiefür die strenggläubigen Juden zur Umschreibung «Jehova»[3], was nicht hindert, dass er in den Formeln abergläubischer Praxis eine grosse Rolle spielt. Noch sonderbarer ist, dass ausgerechnet die «Ernsten Bibelforscher» sich in *Zeugen Jehovas* umgenannt haben.

Verbindet sich mit dem Fluchen die Absicht, Gott als dem vermeintlichen Urheber des erlebten Unangenehmen damit eine Kränkung anzutun, kann daraus eine Gotteslästerung werden, und damit eine Ursache eines noch grösseren Unheils. Fromme Ergebung in die Schickung ist verdienstvoll für die Ewigkeit, ganz abgesehen von der psychologischen Wirkung. Wir wissen von Heiligen, die der Böse offen mit Vernichtung bedroht hat, dass sie ihm erklärten:

«Du kannst mir gar nichts antun, als was Gott dir erlaubt. Nur her mit dem Willen Gottes; er soll mir jederzeit willkommen sein, gleichviel welches Werkzeug er dazu benützt!» Und bezeichnend war die Antwort des Bösen darauf: «Da bin ich machtlos; denn das ist Demut, das Einzige, was wir nicht kennen.» Denn Demut als der Mut, Gott zu dienen, ist Hingebung an ihn, ist letztlich Gottesliebe, die der Feind alles Guten verabscheut.

Vom Verfluchen

Noch ein Schritt vom Fluchen zum *Verfluchen,* Verwünschen, einem Böses wünschen, Tod und Verdammung. Das Verfluchen kann sich sogar auf Gott und seine Heiligen beziehen, so töricht dies auch ist; es ist nicht nur bei den lebhaften Südlän-

---

3) Der Begriff Jehova wird fälschlich für Jahwe verwendet; Jahwe ist im AT der Eigenname Gottes, der aus Scheu vor direkter Aussprache oft durch Adonai oder Eloah ersetzt wurde.

dern sehr verbreitet, infolge des Krieges oder schwerer Schicksalsschläge kommt es gedankenloserweise auch bei uns öfter vor. Menschen und Tieren gegenüber findet es sich aus Zorn, Rachsucht, Neid oder auch aus blosser Dummheit wie einmal, als so ein Bäuerlein zum ungebärdigen Ochsen sagte: «Der Teufi soll di holen!» Als der eben vorübergehende Pfarrer meinte: «Ja, wäre dir das wirklich recht, wenn der Ochs gleich tot hinfiele?», kratzte sich sein Besitzer hinter den Ohren: So wörtlich habe er das freilich nicht gemeint.

Im Alten Testament (Gen 27,12) sagt Jakob zu seiner Mutter Rebekka: «Vielleicht betastet mich mein Vater; dann könnte er meinen, ich hielte ihn zum besten, und ich brächte Fluch über mich statt Segen. Seine Mutter entgegnete: Der Fluch, der dich trifft, komme auf mich, mein Sohn.»

Dass Verfluchung ihre Wirkung haben kann, bestätigt die Heilige Schrift mit dem Strafurteil als dem Munde Gottes selbst, angefangen von der Verfluchung im Paradiese bis zu jener der Verdammten beim Weltgericht, ebenso durch die im Auftrag Gottes durch den Mund seiner Propheten oder Stellvertreter ausgesprochene Verfluchung, um nur an die bekannte Stelle vom Segen des Vaters und dem Fluch der Mutter zu erinnern (Sir 3,9). Im Neuen Testament findet sich die Verfluchung seltener, nachdem *unser Heiland* sogar am Kreuze noch für seine Feinde gebetet und uns aufgefordert hat, das Gleiche zu tun.

Abergläubische Praktiken

Freilich hat die Heilige Schrift von einem unverdienten Fluche erklärt (Spr 26,2): «Wie der Spatz wegflattert und die Schwalbe davonfliegt, so ist ein unverdienter Fluch; er trifft nicht ein.» Er wird höchstens eine Wirkung haben, allerdings eine böse, für den Verwünscher selber. Wer sich dessen im Beichtstuhl anzuklagen hat, muss den Fluch zurücknehmen, gar wenn er mit abergläubischen Bräuchen verbunden war wie Vergraben von Glasscherben, Haaren und dgl. unter der Türschwelle oder in den Ecken des Stalles. Wenn damit jemand in den Beichtstuhl kommt, muss man ihn aufmerksam machen, dass ohne feierliche Zurücknahme der Verfluchung sein Sterben zum Schwersten gehört, was man als Priester am Sterbebette erleben kann, als ob der Böse hier ausnehmend grosse Gewalt hätte. Ich entsinne mich eines so grässlichen Falles, dass selbst der eigene Gatte der Sterbenden es nicht mehr aushalten konnte und entsetzt davonrannte, um sie lebend nicht mehr zu sehen.

Uns allen kann es geschehen, dass wir im Traume Unangenehmes erleben und verärgert aufwachen, für Frauen in den Wechseljahren ist es sogar normal, darin sinnliche Vorstellungen zu haben, eine unschuldige Triebentladung, da man ja im Traum mangels freien Willens überhaupt nicht sündigen kann. Nur soll man dann beim Erwachen Gott dafür danken, dass es nur ein Traum war, da sonst Gefahr ist, dass man zwar den Traum vergisst, aber seine Wirkung auf unser Gefühlsleben noch unterbewusst mitschleppt, was uns dann den ganzen Tag verstimmt.

Manchmal kann an Reihenunglücken eine Verfehlung gegen das siebte Gebot schuld sein. Ich kenne eine grosse, katholische Handelsfirma, die alljährlich von ihrem Reingewinn eine beträchtliche Summe für wohltätige Zwecke ausgibt, um so allenfalls ungerechten Gewinn wieder gut zu machen. Mehr als einmal wurde ich schon aufmerksam gemacht, wie eine Familie auf den Tag genau bis in die dritte Generation durch ungerecht erworbenes Kirchengut steigend von Unglück verfolgt wurde. Doch, selbst wenn man wirklich so einen «Verwünscher» kennen würde, bete man für ihn oder erkläre, man wolle das Erlittene aufopfern für jene, die sonst in der Todsünde stürben; die Wirkung ist ganz unglaublich, da der letzte Urheber alles Bösen anscheinend so was überhaupt nicht verträgt.

Schon wer sich aus abergläubischen Mitteln nichts macht, ist dadurch als seelisch gesunder Mensch gegen Suggestivwirkung geschützt (Spr 16,2); erst recht, wenn er sich aus jenen dämonischen Nachäffungen nichts macht und sich an das Brauchtum der Kirche hält. Man verwende Scheyrer-Kreuzlein, Benediktus-Medaillen, wundertätige Medaillen und sorge für die Wiedererrichtung von Feldkreuzen. Man lasse den Stall, die Tiere und das Futter segnen! Man sorge dafür, dass nicht durch Fluchen oder Schlimmeres die Wirkung wieder verloren gehe. Wenn jemand ein Stallgerät ausborgt, mache man darüber mit Weihwasser das Kreuzzeichen, wodurch es nach dem Urteil Erfahrener zu abergläubischen Zwecken unbrauchbar wird!

Wieviel können wir uns, um auf das Letzte einzugehen, schon im Namen Jesu verbitten, nachdem neuere Moralwerke, z.B.

von P. Hieronymus Noldin S.J. und Jakob Schmitt, dem Priester den Privatexorzismus empfehlen, den sogenannten «kleinen Exorzismus» von Papst Leo XIII., der selbst für Laien mit einem Ablass verbunden ist[4]. Wie leicht lässt sich mit einer Krankensegnung dann das Krankenapostolat verbinden, die Empfehlung der Familienweihe, die Belehrung der Eltern über den abendlichen Segen auch der fernen Kinder, der Brautleute schon beim Brautunterricht (verflucht schlau! wurde mir später oft lachend bestätigt). So wächst das Bewusstsein, dass Religion lebensnahe Wirklichkeit ist, christliche Wirklichkeit, beginnendes Ewigkeitsleben.

Noch etwas: Nach Leo IV. soll das Weihwasser allsonntäglich geweiht werden, es sei dann ungleich wirksamer, wurde mir seit dem Erscheinen dieses Büchleins mehrfach bestätigt.

Der Waffensegen, den es nur in der Einbildung der Religionsgegner besonders seit dem Nazitum gab, ist nicht zu verwechseln mit dem Brauch, nach der Heimkehr vom Felde seine Waffen in einer Wallfahrtskirche als Dankeszeichen aufzuhängen. Aber man warf uns Geistlichen vor, diese Waffen zu ihrem blutigen Handwerk eigens gesegnet zu haben. Wohl hat die Kirche bei der Schwertleite des Mittelalters gebetet, Gott möge dem neuen Ritter behilflich sein, seiner Pflicht zu genügen, damit die Witwen und Waisen zu beschützen und die Kirche gegen ihre Feinde zu verteidigen. Wer die Einfälle der Tataren und des Halbmondes kennt, wird darin selbst bei Missbrauch so wenig etwas Ungehöriges finden wie bei der Speisenweihe, obwohl auch geweihte Speisen im Übermass genossen werden können. Und wenn je ein Feldgeistlicher uns gesegnet hat, etwa bei Erteilung der Generalabsolution, hat kein vernünftiger Mensch sich daran gestossen, obwohl wir die Waffen bei uns trugen, wie etwa wenn ein Gendarm seiner Sonntagspflicht genügt und beim Schlusssegen seinen Säbel am Koppel hat.

Aberglaube und Bosheit kann hier wie beim unschuldigsten Gegenstand sich einschleichen, wofür die Kirche nicht verantwortlich ist, sondern die Dummheit der Menschen, gegen die, um

---

4) Vgl. Der Exorzismus der Katholischen Kirche, authentischer lateinischer Text nach der von Papst Pius XII. genehmigten Fassung mit deutscher Übersetzung. Herausgeber: Prof. Dr. Georg Siegmund. Christiana-Verlag, Stein am Rhein.

nochmals ein Sprichwort, diesmal sogar aus vorchristlicher Zeit anzuführen, sogar die Götter ihre Waffen strecken müssen.

Noch ein Wort über die vollkommene Reue

Hier sei noch ein Wort über die vollkommene Reue angefügt, die zum Empfang des erbetenen Segens vorbereiten soll.

Reue über eine Tat oder Untat ist zunächst aufrichtiges Bedauern, sie begangen zu haben. Als Abscheu davor ist sie auch eine Abkehr, so dass man sie nicht mehr begehen möchte. Damit aber ist sie schon Hinkehr zu dem richtig als besser Erkannten.

Reue über unsre Sünden kann verschiedenen Beweggründen entspringen. Die vollkommene Reue muss aus aufrichtigem Herzen kommen, da blosse Worte den Namen Reue nicht einmal verdienen; sie muss mindestens auch alle schweren Sünden einschliessen, da sie sonst keine vollkommene Abkehr vom Bösen wäre. Da Gott seine Gnade keinem versagt, der ihn aufrichtig darum bittet, ist unsrerseits nur mehr nötig, unserem Gemüte auch die Beweggründe vorzuführen, welche der Glaube gibt. Rein natürliche Beweggründe wie Verlust des Vermögens, der Gesundheit, Ehre usw. als Folge der Sünde entbehren der verlangten Vollkommenheit. Selbst der Gedanke an übernatürliche Folgen wie Verlust der Gnade, Strafe des Fegfeuers oder der ewigen Verdammnis, Hässlichkeit der Sünde, so wirksam sie als Abwehr von ihr sind, so dass sie mit der Hoffnung auf Vergebung sogar zur Lossprechung in der Beichte hinreichen, sind noch keine vollkommene Reue. Diese entspringt erst dem vollkommensten Beweggrund, der vollkommenen Liebe zu Gott selber, die ihn über Alles schätzt und liebt, weil er einfach als bestes aller Wesen alle Liebe verdient. Unser Tun hat ihm aber solche zu Unrecht entzogen. Und das bedauern wir.

Weil es also nicht auf Worte, sondern auf die Gesinnung ankommt, so ist es nicht schwer, zu solcher Liebe aufzusteigen. Bedenke nur, was Gott alles für uns getan hat: Unsere Erschaffung, die Begnadung in der Taufe, die Hingabe seines Sohnes für uns ins Menschenleben, in Leiden und Tod, damit wir wieder in den Himmel kommen können; die Stiftung seiner Kirche mit ihren Gnadenmitteln bis zu unserer Bestimmung zur Gemeinschaft mit Gottes eigner Seligkeit. Und dies Wesen, das es so gut mit mir meint, verdient doch allen Dank, alle Liebe, ja Liebe über alles! Wie bedaure ich, ihm solche entzogen zu haben!

Stimmst du, lieber Leser, liebe Leserin, herzhaft dem zu, besonders bei nachdenklichem Lesen, so hast du bereits vollkommene Reue erweckt, auch wenn du dabei kein besonderes Gefühl empfunden hättest! Denn «Nicht wer sagt: Herr, Herr! ist's, der mich liebt, sondern wer den Willen meines Vaters tut, der im Himmel ist» (Mt 7,21)!

ST. SEVERIN HEUTE

Von Univ.-Prof. Dr. Rudolf Zinnhobler, Linz

Gerade als dieses Buch über Severin von Lama in Druck ging, feierte die Kirche den 1500. Todestag des hl. Severin. Severin von Lama und sein Namenspatron haben erstaunlicherweise etliches gemeinsam; beide stammten aus der romanischen Welt und wirkten im romanisch-germanischen Grenzgebiet in einer Zeit des Umbruchs, beide liebten die Einsamkeit und das einfache, asketische Leben. Wir baten deshalb den bekannten Kirchenhistoriker, Univ.-Prof. Dr. Rudolf Zinnhobler, unseren Lesern den heiligen Severin in einem Kurzporträt vorzustellen.

Der Verleger: Arnold Guillet

Am 8. Januar 1982 jährte sich zum eintausendfünfhundertsten Mal der Todestag des hl. Severin, jenes überragenden Mannes, der zur Zeit der Völkerwanderung, einer Zeit des Umbruchs und des Zusammenbruchs, wahrhaft Grosses in unserer Heimat geleistet hat. Er war bald nach dem Tode des Hunnenkönigs Attila († 453) in die damals römische Provinz Noricum gekommen. In einem Brief seines Biographen Eugippius, der der «Vita» des Heiligen gleichsam als Einleitung vorangestellt ist, wird Ziel und Absicht seines Kommens klar zum Ausdruck gebracht; Severin werden die Worte in den Mund gelegt, die gleichsam als Motto für sein ganzes Lebenswerk gelten können: «Gott hat mir den Auftrag erteilt, diesen Menschen in ihrer Not beizustehen.»
Neuere Forschungen (F. Lotter) haben dargetan, dass Severin den höchsten römischen Adels- und Beamtenkreisen angehört haben muss. Das erklärt die Art seines

Auftretens, sein Handeln mit Autorität, sein Ansehen und zum Teil auch seinen Erfolg.

Hier ist nicht der Raum für eine ausführliche Schilderung seines Wirkens. Wir müssen uns mit Andeutungen begnügen. In der «Vita» wird wiederholt darauf hingewiesen, dass er die Menschen zum Fasten, Beten und Almosengeben anleitete, das heisst, modern ausgedrückt, dass er aufrief zum Verzicht um der anderen willen, dass er den sozialen Bezug des Fastens erkannt hat und dass er alles Tun von seiner lebendigen Verbindung mit Gott getragen wissen wollte.

Ein anderer Charakterzug Severins drängt sich beim Lesen seiner Biographie geradezu auf, seine Liebe zur Einsamkeit. Er zog sich von seinen Aktivitäten, ja sogar aus den Klöstern, die er gegründet hatte und die er in einer lockeren Form auch leitete, immer wieder zurück in seinen «Burgus», eine verlassene kleine Befestigungsanlage am römischen Limes, um sich ganz dem Gebet und der Betrachtung zu widmen. Und obwohl er diese Art des Lebens am meisten liebte, übersah er das Gebot der Stunde nicht. Er war ja, wie wir gesehen haben, gekommen, den Menschen beizustehen. Er behielt die Hand am Pulsschlag der Zeit. So baute er eine regelrechte Caritasorganisation auf, zog den Zehnten ein, um die hierfür nötigen Gelder zu beschaffen, kaufte bei Germaneneinfällen gefangengenommene Romanen los oder suchte sie auf dem Verhandlungswege freizubekommen, bemühte sich, wenn es sein musste, auch um die Abwehr feindlicher Eindringlinge, leitete, als dies notwendig wurde, den etappenweisen Rückzug der Romanen und übte positiven Einfluss auch auf germanische Könige und Heerführer aus. Bevor z.B. der Skirenfürst Odoaker in die Dienste des weströmischen Kaisers Anthemius trat, suchte er Severin auf; und nachdem er König von Italien geworden war, blieb er mit dem Heiligen in brieflicher Verbindung.

Vielleicht lassen schon diese wenigen Zeilen die Grösse und Bedeutung Severins ahnen. Seine überragenden Leistungen erklären jedenfalls, warum man im Jahre 488, beim Abzug der Romanen nach Italien, seinen Leichnam als kostbare Reliquie mit nach dem Süden nahm. Heute ruhen seine Gebeine in Frattamaggiore bei Neapel (Diözese Aversa).

Wir haben unseren Ausführungen die Überschrift gegeben: «St. Severin heute». Wenn nach einem Wort des hl. Augustinus die schönste Form der Heiligenverehrung in der Nachahmung besteht, dann wird die Funktion Severins auch für unsere Zeit sofort erkennbar. Es gibt Züge genug in seinem Leben, die für die Gegenwart fruchtbar gemacht werden können. Dieser Laie, der sich als Mönch und Staatsmann bewährte, bringt uns nahe, wie wichtig es auch in unserem hektischen Zeitalter ist, die äusseren Aktivitäten immer wieder aus dem Gottesglauben zu motivieren, die «actio» mit der «contemplatio» zu verbinden. Dem Konsumdenken unserer Tage stellt er den Verzicht, dem Egoismus den Altruismus gegenüber. Und an einer Zeitenwende, in der wohl auch wir stehen, kam ihm eine Brückenfunktion zu: Er war der Heilige zwischen Ost und West, zwischen Romanen und Germanen, zwischen Katholiken, Arianern und Heiden. Mit Ehrfurcht gedenken wir St. Severins noch nach 1500 Jahren. Sein Erbe aber ist für uns, die wir im Lande seines Wirkens leben, eine bleibende Verpflichtung.

Univ.-Prof. Dr. Rudolf Zinnhobler

BIBLIOGRAPHIE DER WERKE
VON P. SEVERIN RITTER VON LAMA

Am tiefsten Quell, Mystik in Österreich, 727 Seiten, 16 Bildtafeln, Bergland-Verlag, Wien 1964. Das Werk ist vergriffen, kann aber beim gleichen Verlag in der «Österreich-Reihe» in folgenden Einzelausgaben bezogen werden:
Bd 188/190: Der Aufbau des christlichen Österreich, DM/Fr. 7.50
Bd 203/205: Im Zeitalter des Kampfes um die Glaubenserneuerung, DM/Fr. 7.50
Bd 230/232: Überwindung der Aufklärung, DM/Fr. 7.50
Bd 243/245: Mystik als Wissenschaft, DM/Fr. 7.50

Ancilla, Erfahrungen mit den Armen Seelen, 76 Seiten, Lizenzauflage beim Christiana-Verlag, CH-8260 Stein am Rhein.

QUELLENNACHWEIS

Severin von Lama, *Am tiefsten Quell, Mystik in Österreich,* Bergland-Verlag, Wien, 1964.

Severin von Lama, *Tagebücher* (unveröffentlicht).

Joseph Schmidt, *Die Hiltruper Märtyrer von Sankt Paul,* Regensberg-sche Buchhandlung, Münster, 1947.

C. Sträter, *Das Geheimnis von Konnersreuth.* Grenzgebiete der Wissenschaft. Resch-Verlag, Innsbruck, 1977.

O.v. Gschliesser, *Tirol im Kriegssommer vor 50 Jahren.* Tiroler Tageszeitung, 29. 8. 1964.

Helmut Tscholl, *Pfarrer Neururer, Priester und Blutzeuge.* Tiroler Kleinschriften, Innsbruck, 1963.

Wolfgang Behler, *Bayrische Hellseher.* Verlag W. Ludwig, Pfaffenhofen, 1976.

Anton Beda, *Der Spuck im Chiemgau,* Mediatrix-Verlag, Wien, 1977.

Adolf Rodewyk S.J., *Dämonische Besessenheit heute.* 4. Auflage. Pattloch-Verlag, Aschaffenburg 1976.

Johannes M. Höcht, *Von Franziskus zu P. Pio.* Eine Geschichte der Stigmatisierten. Christiana-Verlag, Stein am Rhein, 1974

Felicitas D. Goodman, *Anneliese Michel und ihre Dämonen.* Der Fall Klingenberg in wissenschaftlicher Sicht. Christiana-Verlag, Stein am Rhein, 1980.

Friedrich von Lama, *Ein Büchlein von den Engeln.* Verlag Franz Reisinger, Wels, 1978.

P. DR. J. VAISNORA

Erzbischof Jurgis Matulaitis

46 Seiten, 11 Abbildungen, DM/Fr. 4.50

Aus dem Dunkel der schweigenden Kirche hinter dem Eisernen Vorhang dringt ein Lichtstrahl zu uns: Wir erfahren vom Leben eines Mannes, der ein Apostel der lebendigen Kirche im Osten war, von Jurgis Matulaitis, dem Führer der katholischen Kirche Litauens.

P. JOSEF KOLACEK SJ

Der Heilige der Neuen Welt
Johannes Nepomuk Neumann

Format 14,8 x 21 cm, 212 Seiten, 8 Fotos, DM/Fr. 14.—

1977 hat Papst Paul VI. Johann Nepomuk Neumann heiliggesprochen. Der neue Heilige war ein Sohn des Böhmerwaldes, der in Prag Theologie studierte, der dann jung nach Amerika kam.

PROF. DR. FERDINAND HOLBÖCK

Ergriffen vom dreieinigen Gott
**Trinitarische Heilige aus allen Jahrhunderten
der Kirchengeschichte**

399 Seiten, 16 Fotos, Leinen, DM/Fr. 33.—

Prof. F. Holböck von der Universität Salzburg erläutert in diesem Band zuerst die Trinitätslehre aus der biblischen Offenbarung und der Lehre der Kirche und stellt dann Heilige vor, die in ganz besonderer Weise vom Geheimnis der Heiligsten Dreifaltigkeit ergriffen waren.

KONSTANTIN PRINZ VON BAYERN

Papst Pius XII.

42. Tausend, 422 S., Leinen, 56 Bildtafeln, DM/Fr. 38.—

Von den vielen Büchern über Pius XII. im deutschen Sprachraum hat nur dieses überlebt, weil es geschrieben wurde mit dem Charisma eines Augenzeugen und eines grossen Journalisten.

CHRISTIANA-VERLAG CH-8260 STEIN AM RHEIN

JEAN BARBET

«Die über alles schöne Frau»

Die wahre Geschichte der heiligen Bernadette nach den ersten authentischen Augenzeugenberichten von Jean Barbet

Auflage: 10 000 Ex., 168 S., A5, 73 Fotos, 7 Illustr., DM/Fr. 12.—

«Ein Kind hat die ganze, zur Erde herabgekommene Schönheit des Himmels gesehen. Nichts ist unmittelbarer als ein Wunder. Das Gesicht eines vierzehnjährigen Mädchens hat den Himmel widergespiegelt. Ein Zeuge hat dieses Mädchen gesehen, als es 'sah'. Hier ist sein Bericht, sein Zeugnis . . .» Ein Text- und Bildband von einmaliger Schönheit.

DR. GEORGES HUBER

Johannes Paul I.

Auflage: 10 000 Ex., 144 Seiten, 8 Farbfotos, DM/Fr. 12.80

Sein Lächeln und seine vom Evangelium geprägte Haltung haben Hunderte von Millionen Menschen fasziniert und haben eine weltweite Grundwelle neuer Hoffnung ausgelöst. Das Geheimnis seines Lebens, der Charme seines Lächelns, die schönsten seiner Worte, die Quintessenz seiner Lehre, die schönsten Bilder aus seinem Leben sind in diesem Buch für immer festgehalten.

FELICITAS GOODMAN

Anneliese Michel und ihre Dämonen

Der Fall Klingenberg in wissenschaftlicher Sicht

Vorwort von Prof. Dr. Holböck, Nachwort von Prof. Dr. Dr. Siegmund 20 000 Ex., 306 Seiten, 27 Fotos, 3 Abb., Paperback, DM/Fr. 19.—

Fünfzig Millionen Fernsehzuschauer sind 1978 mit dem «Aschaffenburger Exorzistenprozess» konfrontiert worden, einem der erschütterndsten Mädchenschicksale der Gegenwart.

ALBERT BESSIERES SJ

Anna Maria Taigi

Auflage: 10 000 Ex., 221 S., 8 Bildtafeln, DM/Fr. 15.80

Anna Maria Taigi ist eine echte Seherin und Prophetin — auch für unsere Zeit, besonders durch ihre erschütternde Vision einer dreitägigen Finsternis.

CHRISTIANA-VERLAG CH-8260 STEIN AM RHEIN

PROF. DR. EGON VON PETERSDORFF

Daemonologie
Bd. I: Dämonen im Weltenplan, Bd. II: Dämonen am Werk

Vorwort von Prof. Dr. Ferdinand Holböck.
Nachtrag und Ergänzung von Prof. Dr. Dr. Georg Siegmund.
Kurzporträt des Autors von Prof. Dr. Gerhard Fittkau.

Beide Bände 1004 Seiten, Format A5, Kunstleder, Silberprägedruck,
DM 68.—/Fr. 58.—

«Ein Standardwerk im wahren Sinne des Wortes, eine wirklich umfas-
sende Monographie über die Dämonen, die eine wirklich vorhandene
Lücke in der theologischen Literatur schliessen möchte, durchaus nicht
trocken und langweilig, sondern spannend und aufregend» (Theol.
Prof. P. Franz Lakner S.J.).
Hier liegt ein Lebenswerk vor, das sich nicht nur auf die wichtigsten
Quellen aus allen Lebensgebieten stützt, sondern auch auf eigene Erfahrungen und Experimente des Autors, so dass «Dämonen am Werk»
beobachtet und entlarvt werden, wo man sie bisher kaum vermutet hatte. Das Buch beweist uns nicht nur die Existenz und das Wirken der Dämonen, es zeigt uns vor allem auch den Sieg, den Christus und die guten Engel über die Mächte der Finsternis errungen haben.

«Christlicher Glaube und Dämonenlehre»
64 S., DM/Fr. 2.—

Die offizielle Lehre der Kirche über den Teufel mit den neuesten Stel-
lungnahmen, die die Glaubenskongregation in Rom am 25. 6. 75 veröf-
fentlicht hat.

Der Exorzismus der Katholischen Kirche
102 Seiten, DM/Fr. 14.80

Der offizielle Text des grossen Exorzismus aus dem Rituale Romanum,
vollständig lateinisch-deutsch, letztmals unter Papst Pius XII. in der
Vatikanischen Druckerei *Typis Polyclottis* 1954 herausgegeben. Das ge-
genwärtig «heisseste Buch» der katholischen Kirche, eine Waffe im
Kampf gegen Satan, auf die die Kirche niemals wird verzichten können.
Mit einer Einführung von Prof. Dr. Georg Siegmund.

CHRISTIANA-VERLAG CH-8620 STEIN AM RHEIN